El Arcángel Uriel

Conectando con el Ángel de la Sabiduría

© Copyright 2024

Todos los derechos reservados. Ninguna parte de este libro puede ser reproducida de ninguna forma sin el permiso escrito del autor. Los revisores pueden citar breves pasajes en las reseñas.

Descargo de responsabilidad: Ninguna parte de esta publicación puede ser reproducida o transmitida de ninguna forma o por ningún medio, mecánico o electrónico, incluyendo fotocopias o grabaciones, o por ningún sistema de almacenamiento y recuperación de información, o transmitida por correo electrónico sin permiso escrito del editor.

Si bien se ha hecho todo lo posible por verificar la información proporcionada en esta publicación, ni el autor ni el editor asumen responsabilidad alguna por los errores, omisiones o interpretaciones contrarias al tema aquí tratado.

Este libro es solo para fines de entretenimiento. Las opiniones expresadas son únicamente las del autor y no deben tomarse como instrucciones u órdenes de expertos. El lector es responsable de sus propias acciones.

La adhesión a todas las leyes y regulaciones aplicables, incluyendo las leyes internacionales, federales, estatales y locales que rigen la concesión de licencias profesionales, las prácticas comerciales, la publicidad y todos los demás aspectos de la realización de negocios en los EE. UU., Canadá, Reino Unido o cualquier otra jurisdicción es responsabilidad exclusiva del comprador o del lector.

Ni el autor ni el editor asumen responsabilidad alguna en nombre del comprador o lector de estos materiales. Cualquier desaire percibido de cualquier individuo u organización es puramente involuntario.

Su regalo gratuito

¡Gracias por descargar este libro! Si desea aprender más acerca de varios temas de espiritualidad, entonces únase a la comunidad de Mari Silva y obtenga el MP3 de meditación guiada para despertar su tercer ojo. Este MP3 de meditación guiada está diseñado para abrir y fortalecer el tercer ojo para que pueda experimentar un estado superior de conciencia.

https://livetolearn.lpages.co/mari-silva-third-eye-meditation-mp3-spanish/

¡O escanee el código QR!

Índice

INTRODUCCIÓN 1
CAPÍTULO 1: ¿QUIÉN ES EL ARCÁNGEL URIEL? 3
CAPÍTULO 2: INVOCANDO AL ARCÁNGEL URIEL 14
CAPÍTULO 3: SEÑALES DE LA PRESENCIA DE URIEL 24
CAPÍTULO 4: CREAR UN ESPACIO ANGÉLICO SAGRADO 36
CAPÍTULO 5: MEDITACIÓN DEL CHAKRA SOLAR 46
CAPÍTULO 6: MEDITACIÓN DEL FUEGO EN LA PALMA DE LA MANO 56
CAPÍTULO 7: TRABAJO CON LOS SUEÑOS 67
CAPÍTULO 8: CRISTALES Y VELAS 78
CAPÍTULO 9: RITUALES Y EJERCICIOS DIARIOS 91
EXTRA: HOJA DE CORRESPONDENCIAS 99
CONCLUSIÓN 102
VEA MÁS LIBROS ESCRITOS POR MARI SILVA 104
SU REGALO GRATUITO 105
REFERENCIAS 106
FUENTES DE IMÁGENES 107

Introducción

¿Alguna vez has sentido curiosidad por el Arcángel Uriel y sus poderosos dones? ¿Quieres acercarte a uno de los Arcángeles más influyentes de Dios? Si es así, este libro es para ti.

El Arcángel Uriel es una figura edificante que llena a la gente de alegría y esperanza. Su brillante y resplandeciente luz inspira a sus seguidores a ver el mundo de forma positiva, incluso en tiempos difíciles. Como uno de los cuatro arcángeles, Uriel es conocido por su sabiduría, creatividad e iluminación. También se lo asocia con el elemento fuego, que representa la transformación y la pasión. Tanto si le rezas para que te guíe como si simplemente sientes su presencia a tu alrededor, el Arcángel Uriel es una poderosa fuerza del bien en el mundo.

Uriel, venerado e invocado por muchos cristianos, puede ser invocado para ayudarte en tu camino espiritual. Puede responder a las preguntas que te preocupan, inspirarte y ayudarte a desarrollar tus talentos creativos, o guiarte hacia la manifestación del éxito en tu vida. Invocar su presencia puede brindarte una sensación de paz y equilibrio, permitiéndote sentirte más enraizado y conectado con los reinos superiores. Uriel, que extrae su energía del Sol, es una poderosa fuente de luz y curación que nos recuerda un benévolo poder divino. Para aquellos que buscan profundizar en su relación con el Arcángel Uriel, este libro explicará las herramientas espirituales y prácticas necesarias para la invocación.

Existen formas de invocar al Arcángel Uriel y conectarse con él a un nivel más profundo. Pero antes de hacerlo, aprende más sobre él, su energía y cómo crear un espacio sagrado para tu conexión. Es por eso por lo que este libro se divide en nueve capítulos. Esta guía descriptiva explorará quién es el Arcángel Uriel y examinará sus características. Este libro analizará cómo invocar a Uriel y reconocer los signos de su presencia. También te ofrecerá instrucciones paso a paso para crear un espacio angélico sagrado y te enseñará diversas meditaciones, técnicas de trabajo onírico y rituales para conectarte con Uriel.

Esta guía incluye una hoja de correspondencia adicional que te ayudará a comprender mejor los rasgos de Uriel y las energías con las que trabaja. A través de este libro, entenderás qué es un arcángel, comprenderás mejor al arcángel Uriel y aprenderás a crear una fuerte conexión con él. La guía y la sabiduría que tiene para ofrecerte harán que tu viaje espiritual sea más gratificante. Al leer este libro y seguir los pasos, tendrás toda la información que necesitas para trabajar con el Arcángel Uriel. A partir de aquí, sentirás Su presencia en tu vida y te beneficiarás del poder de Su luz. Así que, ¡empecemos y aprendamos más sobre este magnífico arcángel!

Capítulo 1: ¿Quién es el Arcángel Uriel?

De todos los ángeles de los reinos celestiales, el Arcángel Uriel se destaca como una de las figuras más poderosas e influyentes. Es famoso por su sabiduría, justicia y fuerza en todo el reino angélico. El Arcángel Uriel desempeña un papel importante en la comunicación entre lo divino y los humanos que lo invocan. Su papel es ayudar a los humanos y comunicarnos mensajes divinos. Este capítulo pretende explorar los orígenes y características del Arcángel Uriel.

El conocimiento de este capítulo te abrirá los ojos a un mundo más allá del nuestro y te permitirá echar un vistazo a un lugar espiritual de una forma más profunda y significativa. Este capítulo presentará a Uriel y explicará qué es un arcángel. También explorará la etimología del nombre de Uriel, su papel en el misticismo, su función celestial y su estrecha conexión con el reino terrenal. Por último, este capítulo concluirá resumiendo las características y funciones clave de Uriel en el Cielo y en la Tierra. Al final de este capítulo, comprenderás mejor el lugar de Uriel en los reinos celestiales.

Introducción al Arcángel Uriel

El Arcángel Uriel apareció por primera vez en la literatura abrahámica como el ángel de la sabiduría y la luz. Es uno de los siete arcángeles que están en el trono de Dios. También se lo asocia con la creatividad, las ideas y el juicio. A menudo se lo representa con un pergamino en la mano, que simboliza el conocimiento, la comprensión y la sabiduría. Si buscas inspiración u orientación en tu vida, invocar al Arcángel Uriel puede ser justo lo que necesitas. Con su poderosa presencia y su inquebrantable compromiso con la justicia y la verdad, el Arcángel Uriel existe para ayudarte a navegar por los desafíos de la vida y a encontrar tu camino hacia la iluminación.

¿Qué es un arcángel?

Los ángeles son seres divinos que desempeñan diferentes funciones en el mundo espiritual, pero no todos los ángeles son iguales. Se sabe que los arcángeles tienen el rango más alto en el mundo angélico y se cree que son seres poderosos e influyentes. Los arcángeles han sido mencionados en varios textos religiosos, como el cristianismo, el judaísmo y el islam. Esta sección explorará qué es un arcángel, su papel en el sistema jerárquico angélico y su importancia en el reino angélico.

El reino angélico

El reino angélico es un reino que existe más allá de nuestro mundo físico, pero que a menudo puede interactuar con nosotros. Es un mundo en el que residen seres divinos, encargados de desempeñar diferentes funciones. Según la mayoría de los textos religiosos, los ángeles fueron creados por Dios y cada uno tiene su propia función, pero se los considera principalmente guardianes y mensajeros. El papel de los ángeles en el reino angélico también incluye proteger y guiar a la humanidad, por lo que trabajan en estrecha colaboración con los humanos para garantizar que el plan divino sea ejecutado.

El sistema jerárquico angélico

Jerarquía angélica[1]

En el sistema jerárquico angélico, los arcángeles ocupan el rango más alto. Esto significa que tienen más poder e influencia que otros seres angélicos. Son conocidos por ser los más cercanos a Dios, y su propósito es llevar a cabo la voluntad divina de Dios. Sin embargo, existen diferentes niveles de ángeles, y los arcángeles son sólo una parte del sistema jerárquico angélico.

Los arcángeles divinos

Un arcángel es un ser angélico de alto rango que se cree tiene más poder e influencia que los ángeles normales. Existen varios arcángeles, y a menudo se asocian con cualidades o atributos específicos. Por ejemplo, el Arcángel Miguel es el protector, mientras que el Arcángel

Rafael es el sanador. El Arcángel Gabriel es venerado en la fe cristiana por ser el ángel que se apareció a una joven judía, María, con el mensaje de que se convertiría en la madre de Jesús.

El papel de los Arcángeles

Los arcángeles desempeñan un papel esencial en el reino angélico. Son responsables de llevar a cabo tareas específicas que garantizan la ejecución del plan divino de Dios. Además, los arcángeles son responsables de ayudar a los seres humanos en su vida mundana, ofreciéndoles consuelo y orientación cuando lo necesitan. Pueden ayudar a los seres humanos en asuntos terrenales, como el amor, las decisiones profesionales, los problemas de salud y el crecimiento espiritual.

El significado de los arcángeles

Los arcángeles ocupan un lugar importante en diversos textos religiosos, mitos y leyendas. Su importancia radica en su condición de poderosos seres divinos que protegen y guían a la humanidad y forman parte de muchos sistemas de creencias, como las religiones cristiana, judía e islámica. También se los considera guardianes de virtudes como la verdad, el amor, la compasión y la sabiduría, y trabajan con los seres humanos para ayudarlos a alcanzar la iluminación espiritual y cumplir su propósito vital.

Los arcángeles son seres divinos que ocupan un destacado lugar en el reino angélico debido a su poder, influencia y relación con Dios. Comprender el papel de los arcángeles puede darnos una mejor visión del reino espiritual y ayudarnos a conectar con nuestro lado espiritual.

La etimología de "Uriel" y sus orígenes

En el mundo de los ángeles, el Arcángel Uriel es uno de los personajes más fascinantes y enigmáticos. Se lo asocia con la sabiduría, la iluminación y la luz divina. Pero ¿de dónde procede Uriel? ¿Qué significa su nombre? Esta sección explorará la etimología del nombre Uriel y los orígenes de este intrigante arcángel.

Significado

Para empezar, veamos el nombre "Uriel". En hebreo, "Uriel" significa "Dios es mi luz". Este nombre es apropiado para el arcángel, pues es el portador de la iluminación y la luz divina. Curiosamente, su nombre también se escribe a veces "Auriel", y en algunos textos medievales, incluso se escribe "Oriel". Independientemente de la grafía, el nombre de Uriel es sinónimo de resplandor y guía divina.

Orígenes

En cuanto a los orígenes de Uriel, se lo menciona en varios textos religiosos, como la Torá, la Biblia, el Corán y el Libro de Enoc. En la tradición judía, Uriel es uno de los cuatro arcángeles principales, junto con Miguel, Gabriel y Rafael. En la tradición cristiana, Uriel es considerado un arcángel, aunque no es mencionado en la Biblia canónica.

Representaciones

A menudo se representa a Uriel como un ángel sabio y benévolo, que ofrece guía e iluminación a quienes la buscan. Algunos relatos le atribuyen incluso ser el ángel que advirtió a Noé del diluvio inminente. También se dice que comunica mensajes divinos a la humanidad, facilitando el crecimiento espiritual y la comprensión.

Arte y literatura

Uno de los aspectos más fascinantes de Uriel es su representación en el arte y la literatura. En muchas obras aparece sosteniendo un libro, lo que ilustra su papel de ángel de la sabiduría. A menudo se lo representa con una llama o una antorcha, lo que simboliza su asociación con la luz divina. En algunos textos, Uriel aparece como un guerrero que lucha contra las fuerzas del mal. En los tiempos modernos, Uriel sigue siendo venerado por muchos y ha sido asociado con diversas creencias y prácticas de la Nueva Era. Algunas personas creen que Uriel puede ayudar en la curación emocional y la transformación personal, y buscan su guía a través de la meditación, la oración o incluso la lectura de cartas angelicales.

Uriel es un fascinante e influyente arcángel. Su nombre, que significa "Dios es mi luz", representa a la perfección su papel como portador de la guía e iluminación divinas. Aunque sus orígenes son un tanto misteriosos, Uriel es considerado una poderosa fuerza del bien y ha sido venerado por muchos a lo largo de la historia. Tanto si buscas su guía para tu crecimiento espiritual como si simplemente aprecias su importancia en las tradiciones religiosas, este enigmático ángel te inspirará asombro y admiración.

La identidad de Uriel según el misticismo

El misticismo es una filosofía que abarca una amplia gama de creencias, prácticas y experiencias para alcanzar la unidad con lo divino. Uno de los conceptos más intrigantes en el ámbito del misticismo es el ángel Uriel. A lo largo de los años, Uriel ha sido el centro de atención de varios textos, como el Libro de Enoc, los Apócrifos Bíblicos y el Apocalipsis de Pedro, que han tratado de desvelar la verdadera identidad de Uriel. Exploremos estos textos y desentrañemos el misterio que rodea la identidad de Uriel según el misticismo.

El Libro de Enoc

El Libro de Enoc es un antiguo texto judío que narra la historia de Enoc, el bisabuelo de Noé. En el capítulo XXI del libro, se describe a Uriel como uno de los cuatro arcángeles creados por Dios. Se dice que a Uriel se le confiaron los secretos del universo, incluidos los misterios de la luna y las estrellas. Además, Uriel es descrito como el ángel que vigila el trueno y el terror, lo que lo convierte en un ángel de juicio. Según el Libro de Enoc, la identidad de Uriel como arcángel lo convierte en uno de los ángeles de mayor rango en el cielo.

Apócrifos Bíblicos

Los apócrifos bíblicos también mencionan a Uriel como arcángel, aunque con algunas variaciones. En 2 Esdras 4:1, se describe a Uriel como el ángel al que se le ha pedido que interprete la visión dada a Esdras, un profeta judío. A Uriel también se lo llama "ángel del arrepentimiento", lo que implica su papel como ángel del juicio. No obstante, la identidad de Uriel como arcángel sigue siendo coherente con el Libro de Enoc.

El Apocalipsis de Pedro

Un tercer texto que explora la identidad de Uriel es el Apocalipsis de Pedro, que se cree que fue escrito alrededor del siglo III. En el texto no se menciona explícitamente a Uriel, pero se lo describe como el ángel que está a la puerta del cielo, impidiendo que los pecadores entren en el reino de Dios. Esta representación de Uriel es coherente con su papel de ángel del juicio.

Estos tres textos revelan la identidad de Uriel como arcángel con poder para interpretar los misterios divinos y ejercer el juicio. Es un mensajero de Dios, a quien se confían secretos que sólo Él conoce. Uriel es conocido como ángel del arrepentimiento y ejecutor de la justicia divina, lo que hace de él una figura formidable en el misticismo.

El misterio que rodea la identidad de Uriel se resuelve en cierta medida en el Libro de Enoc, los Apócrifos bíblicos y el Apocalipsis de Pedro, que lo confirman como un ser de autoridad y sabiduría divinas. Uriel es una fuente de fascinación y respeto en el mundo del misticismo y sigue siendo una figura enigmática hasta nuestros días.

Explorando el papel celestial del Arcángel Uriel

Desde la antigüedad, la gente ha creído en la existencia de seres celestiales, arcángeles y ángeles, imbuidos de inmenso poder y gracia divina. A Uriel se lo relaciona con la luz o el fuego; algunos incluso lo han venerado como Ángel del Juicio. En esta sección, exploraremos su papel celestial y nos sumergiremos en las sutiles pero poderosas formas en las que Uriel guía a las almas a través de su viaje vital.

El Portador de Luz y Sabiduría

Este ser divino es conocido por arrojar luz sobre los caminos de las personas, iluminar sus mentes y aportar claridad a sus pensamientos. Uriel es también considerado el santo patrón de la ciencia y la educación, ya que se cree que inspira nuevas ideas y facilita el aprendizaje.

El ángel del arrepentimiento y el perdón

Como ángel del arrepentimiento y el perdón, a menudo se recurre a Uriel para que ayude a las personas a olvidar sus errores del pasado y a encontrar la redención. Se cree que Uriel tiene el poder de limpiar los corazones de las personas, guiarlas hacia la rectitud e inspirarlas a buscar el perdón de la divinidad. Mucha gente le reza en tiempos de confusión, buscando su guía y su gracia.

El protector y guardián

También se dice que el Arcángel Uriel vigila las puertas del inframundo, protegiendo a las almas del mal y defendiendo el reino de lo divino. Se cree que Uriel trabaja en estrecha colaboración con otros seres celestiales, como Miguel y Gabriel, para proteger el reino de lo divino de cualquier amenaza o energía negativa.

El estratega divino

Como patrón de la ciencia y la educación, Uriel está a menudo asociado con el pensamiento estratégico y la planificación a largo plazo. Se cree que Uriel inspira a la gente a pensar profundamente sobre sus decisiones, sopesar los pros y los contras, y considerar el impacto a largo plazo de sus acciones. Muchas personas le rezan para que los guíe en los momentos de toma de decisiones, buscando su apoyo y sabiduría.

El ángel de la tierra y la naturaleza

Por último, Uriel es también venerado como el ángel de la tierra y la naturaleza. Se cree que este ser celestial tiene una profunda conexión con la tierra y puede comunicarse con los espíritus de la naturaleza. Se cree que Uriel ayuda a las personas a comprender el mundo natural que las rodea, a conectar con las energías curativas de la naturaleza y a desarrollar una profunda reverencia por todos los seres vivos.

El Arcángel Uriel es un poderoso pero sutil ser celestial que es clave para guiar a las almas en su viaje vital. Como portador de luz y sabiduría, ángel del arrepentimiento y el perdón, protector y guardián, estratega divino y ángel de la tierra y la naturaleza, Uriel posee un inmenso poder y gracia. Mucha gente en todo el mundo le reza a Uriel en busca de guía, apoyo y sabiduría, creyendo que él tiene la llave para desbloquear su potencial más profundo y conducirlos hacia la rectitud. Mientras exploramos el papel celestial de Uriel, abramos nuestros corazones y mentes a la gracia divina que él ofrece generosamente.

Epítetos y atributos del Arcángel Uriel

Mientras nos esforzamos por comprender el infinito y lo divino, explorar la esencia y las características de cada arcángel es una herramienta poderosa. Como ángeles de mayor rango, a estos arcángeles se les han confiado deberes y atributos particulares para ayudarnos a guiarnos a través de los obstáculos de la vida. El arcángel Uriel es uno de los arcángeles más queridos, conocido por su sabiduría, su luz iluminadora y su guía espiritual. Esta sección explorará los epítetos y atributos del arcángel Uriel que nos ayudan a conectar con él para el crecimiento personal y la sanación.

Los epítetos son términos descriptivos que suelen acompañar al nombre de un arcángel y que describen su función o simbolismo. Al arcángel Uriel también se lo conoce como la luz de Dios, el ángel de la sabiduría y el príncipe de la luz. Su nombre significa el "fuego de Dios" porque encarna la justicia divina y el fuego sagrado que purifica el alma. Los atributos de Uriel son símbolos visuales que lo representan, y cada uno simboliza parte de sus cualidades divinas, como su luz o su sabiduría. He aquí algunos de los epítetos y atributos más utilizados del arcángel Uriel.

- **Luz:** Uno de los atributos más significativos de Uriel es la luz. Su luz representa la iluminación divina del conocimiento y la comprensión. Se dice que su luz puede ayudarnos a despertar nuestra luz interior y a crecer espiritualmente.
- **Pergamino:** A menudo se representa a Uriel sosteniendo un pergamino que simboliza el conocimiento y la sabiduría divinos. Es el guardián del Libro del Conocimiento y guarda los secretos de la iluminación espiritual.
- **Sol:** El sol no es sólo un símbolo de luz, sino también de poder y energía. La asociación de Uriel con el sol representa sus poderes que nos brindan la energía vital de la vida.
- **Espada:** La espada representa comúnmente la fuerza, la fortaleza y el poder. Como el Arcángel Uriel es responsable de la justicia divina, la espada simboliza su papel en la protección y defensa de la ley.
- **Llama:** El símbolo de la llama del Arcángel Uriel es uno de los más potentes de su iconografía. La llama representa la purificación, iluminación y transformación de nuestras almas.

Los epítetos y atributos del Arcángel Uriel significan cualidades divinas como la sabiduría, el conocimiento, la luz divina y la justicia. Cada nombre y atributo transmite diferentes aspectos de su naturaleza y significado, lo que nos permite comprenderlo y conectar con él más profundamente. También se lo considera el patrón de las artes, ya que canaliza la intuición y la perspicacia y promueve la curación y la armonía entre las personas. Para conectar con el Arcángel Uriel, puedes utilizar sus atributos visuales, recitar sus oraciones o crear un espacio sagrado para meditar y conectar con él. Conocer sus epítetos y atributos nos ayuda a sentirnos más cerca de su presencia protectora y guía, iniciando un camino hacia el crecimiento personal, la sanación y la iluminación espiritual.

La estrecha relación de Uriel con el reino terrenal

En lo que respecta a los arcángeles, quizá no haya otro ángel más estrechamente vinculado con el reino terrenal que el Arcángel Uriel. Como ángel de la sabiduría, se dice que preside la Tierra y sus elementos. Se cree que su presencia se siente en los bosques, las montañas y los ríos, ya que vela por el mundo natural. Esta sección profundizará en el significado de la conexión del Arcángel Uriel con el reino terrenal y en cómo lo veneran las diferentes culturas de todo el mundo.

El Ángel de la Sabiduría

La conexión del Arcángel Uriel con el reino terrenal tiene sus raíces en su condición de ángel de la sabiduría. La sabiduría suele estar vinculada al conocimiento del mundo natural y del entorno que nos rodea, por lo que no es de extrañar que esté estrechamente relacionado con la Tierra. Su nombre significa "Dios es mi luz", y se cree que les ofrece a los humanos conocimiento y comprensión del mundo y de nuestro lugar en él.

Patrón del mundo natural

En muchas culturas, el Arcángel Uriel es venerado como patrón del mundo natural. En las tradiciones nativas americanas, se lo relaciona con las estaciones y el cambio de la Tierra. En las culturas celtas, se lo vincula con los elementos del aire y la tierra, y en el hinduismo, se lo venera como maestro del conocimiento y la sabiduría. Su influencia abarca muchas culturas y creencias diferentes.

Asociación con el Equinoccio de Otoño

Otro aspecto de la conexión del Arcángel Uriel con el reino terrenal es su asociación con el equinoccio de otoño. Es cuando el día y la noche tienen la misma duración, y se cree que el Arcángel Uriel supervisa esta transición. Se dice que ese día está más presente y receptivo a los fieles que buscan su guía.

Protector de los humanos

Además de supervisar el mundo natural, también se cree que el Arcángel Uriel es protector de los humanos. Se recurre a él en momentos de angustia o desesperación, ya que su sabiduría y guía pueden ayudarnos a encontrar el camino en tiempos difíciles. Su conexión con el reino terrenal también significa que está en estrecha sintonía con el sufrimiento humano y puede ofrecer consuelo y fuerza cuando más se necesita.

La conexión del Arcángel Uriel con el reino terrenal destaca la importancia de respetar y proteger el mundo natural que nos rodea. Su papel como ángel de la sabiduría significa que puede ofrecer orientación y perspicacia sobre el medio ambiente y todos los elementos que contiene. Su influencia abarca muchas culturas y tradiciones, y su asociación con el equinoccio de otoño subraya su importancia como protector y guía. Tanto si buscamos orientación en tiempos difíciles como si deseamos profundizar en nuestra comprensión del mundo que nos rodea, el Arcángel Uriel sigue siendo una poderosa fuerza para el bien en el mundo.

El Arcángel Uriel es también conocido por su increíble intelecto y sabiduría. Como uno de los cuatro arcángeles, su papel en el cielo es ayudar a Dios a llevar a cabo su plan divino, y a menudo se hace referencia a él como la "Luz de Dios" debido a su inmenso conocimiento y comprensión del universo. En la Tierra, el Arcángel Uriel es conocido por su capacidad para aportar perspicacia e inspiración, ayudando a ver el panorama general y a encontrar sentido a sus vidas. Con su personalidad alegre y su energía positiva, el Arcángel Uriel es una presencia edificante dondequiera que vaya, siempre dispuesto a ofrecer guía y apoyo a quienes lo necesiten. Si buscas una fuente de sabiduría e inspiración, ¡no busques más que este increíble arcángel!

Capítulo 2: Invocando al Arcángel Uriel

Invocar al Arcángel Uriel es una experiencia asombrosa que puede aclarar tu mente, elevar tu espíritu y conectarte con lo divino. Uriel, conocido como el ángel de la sabiduría y la iluminación, puede bendecirte con una comprensión más profunda de ti mismo y del mundo que te rodea cuando estás en su presencia. Puedes recurrir a él para que te guíe, te apoye y te proteja; siempre te ayudará en tu viaje. Tanto si te enfrentas a un reto difícil como si simplemente quieres sentirte más conectado con el universo, invocar al Arcángel Uriel es una poderosa forma de aprovechar tu poder interior y liberar todo tu potencial.

Arcángel Uriel, el ángel de la sabiduría[a]

Este capítulo ofrece una visión en profundidad de cómo invocar con éxito al Arcángel Uriel. Comenzará definiendo el término "invocar" y explicará cómo funciona cuando se intenta establecer una conexión con figuras angélicas. También hablará de la importancia de la intención y la receptividad en este proceso y facilitará varios ejercicios paso a paso, meditaciones, afirmaciones y mantras para ayudar a comunicarse con él. Como contenido adicional, se ofrecerán sugerencias de ejercicios diarios que ayudarán a desarrollar la capacidad de sentir la presencia angélica.

Definición de invocación

Cuando se invoca algo, pueden venir a la mente muchas imágenes diferentes. Algunos pueden pensar en invocar a un ser poderoso de otro reino, mientras que otros pueden imaginarse una oración o una bendición. En esencia, una invocación es el acto de llamar a un poder superior, ya sea una deidad, una fuerza de la naturaleza o incluso la energía colectiva de un grupo de individuos. Aunque las prácticas específicas pueden variar mucho según la cultura, la religión o los sistemas de creencias, la idea subyacente es universal. Al invocar algo más grande que nosotros, tenemos acceso a más poder, sabiduría o guía de lo que podríamos conseguir por nosotros mismos. Tanto si eres creyente como escéptico, vale la pena explorar y contemplar el concepto de invocación. ¿Quién sabe? Puede que consigas algo realmente transformador.

Desvelar los misterios de la invocación

El concepto de invocación existe desde hace cientos de años, pero para la mayoría de la gente sigue siendo un misterio. Es una poderosa forma de llamar o rezar a un ser superior que puede liberar el inmenso potencial que llevamos dentro y ayudarnos a alcanzar nuestros objetivos. Si alguna vez te has preguntado cómo funciona la invocación, has llegado al lugar adecuado. Esta sección explorará este fascinante concepto y te mostrará cómo puede ayudarte a alcanzar todo tu potencial.

En esencia, la invocación consiste en conectar con un poder superior. Puede ser una figura religiosa o simplemente un concepto abstracto como el universo. La idea es que, cuando te conectas con ese poder superior, estás accediendo a una fuente de energía y fuerza a la que normalmente no tendrías acceso. Esto puede ayudarte a conseguir cosas que de otro modo habrías considerado imposibles.

El proceso de invocación es relativamente sencillo. Consiste en crear un espacio sagrado y realizar algún tipo de ritual. Puede ser tan sencillo como encender una vela y meditar o tan complejo como realizar una ceremonia elaborada. El propósito del ritual es crear un sentimiento de reverencia y respeto por el poder superior al que se invoca.

Una cosa importante que hay que recordar al realizar una invocación es que no estás simplemente pidiendo un favor. Más bien, estás creando una conexión y formando una relación con el poder superior al que invocas. Esto significa que debes estar preparado para dar algo de ti mismo a cambio. Puede ser algo tan sencillo como expresar gratitud o tan complejo como hacer un sacrificio.

Los beneficios de la invocación son muchos. Por un lado, puede ayudarte a superar el miedo y las dudas. Cuando te sientes conectado a un poder superior, es más probable que te sientas capacitado y con fuerzas para alcanzar tus objetivos. Tu invocación también puede ayudarte a tener un sentido de propósito y dirección. Es probable que te mantengas motivado y centrado cuando tengas una idea clara de lo que quieres conseguir.

Tanto si persigues una meta personal como si buscas el crecimiento espiritual, invocar a un poder superior te da el impulso que necesitas para alcanzar tus objetivos. Al crear un espacio sagrado, realizar un ritual y desarrollar una relación con el poder superior al que invocas, puedes desbloquear una fuerza y un potencial inmensos en tu interior. Así que, si alguna vez te has preguntado cómo funciona la invocación, ¿por qué no lo intentas? ¿Quién sabe qué maravillas puedes lograr?

El papel de la intención y la receptividad

¿Alguna vez has sentido una presencia a tu alrededor, pero no sabías qué o quién era? Muchas personas creen que las figuras angelicales nos rodean todos los días. Creas o no en los ángeles, algo hay que decir sobre la energía pacífica y edificante que nos rodea cuando nos sentimos conectados con estos seres divinos. La clave para invocar a las figuras angélicas es la intención y la receptividad. Exploremos el poder de la intención y la receptividad para invocar figuras angelicales.

Intención

La primera clave para invocar a las figuras angélicas es la intención. Muchas personas rezan o meditan con una intención específica, como orientación, curación o protección. Cuando estableces una intención, invitas a las figuras angelicales a alinearse contigo y ayudarte a alcanzar tu objetivo. Una forma sencilla de establecer tu intención es centrarte en lo que deseas lograr y luego pedir ayuda a tus ángeles de la guarda o a otras figuras divinas. Una intención clara es el primer paso para crear una fuerte conexión con tus ángeles de la guarda.

Receptividad

La segunda clave para invocar a las figuras angélicas es la receptividad. Cuando eres receptivo, estás abierto a recibir guía y apoyo del universo. Esto significa que debes estar abierto a recibir mensajes de tus ángeles, aunque lleguen de formas poco convencionales. Las figuras angélicas pueden comunicarse contigo a través de símbolos o señales, como ver el mismo número repetidamente o notar que una flor determinada florece en un momento específico. Al permanecer abierto y receptivo, te permites recibir la guía y el apoyo de tus ángeles de la forma que más te convenga.

Confianza

La tercera clave para invocar a las figuras angélicas es la confianza. Confiar en que tus ángeles siempre están ahí para guiarte y protegerte puede suponer una gran diferencia en cómo percibes el mundo que te rodea. Al confiar en que tus ángeles están trabajando entre bastidores para ayudarte, puedes liberarte de cualquier miedo, preocupación o ansiedad que puedas estar experimentando. Esta confianza te brinda la paz interior y la serenidad que pueden ayudarte a mantener los pies en la tierra y centrarte en tu vida diaria.

Gratitud

La cuarta y última clave para invocar a las figuras angélicas es la gratitud. Cuando agradeces las bendiciones que te llegan, tanto grandes como pequeñas, te abres a recibir aún más abundancia del universo. Expresar gratitud por la guía y el apoyo que recibes de tus ángeles te ayudará a crear un sentido más profundo de conexión con ellos. La gratitud también puede ayudarte a alejar tu atención de los pensamientos y emociones negativos y a centrarte en los aspectos positivos de tu vida.

Invocar a las figuras angélicas es cuestión de intención, receptividad, confianza y gratitud. Puedes crear una conexión más fuerte con tus ángeles estableciendo una intención clara y permaneciendo abierto y receptivo. Confiar en que tus ángeles siempre están ahí para guiarte y protegerte puede ayudarte a liberarte del miedo y la preocupación, mientras que expresar gratitud por su ayuda puede crear un sentido más profundo de conexión. Tanto si crees en los ángeles como si no, estos consejos pueden ayudarte a alinearte con la energía positiva que te rodea a diario.

¿Cuándo puede ayudar el Arcángel Uriel?

El Arcángel Uriel es uno de los cuatro principales arcángeles de muchas tradiciones espirituales. Representa la sabiduría, el conocimiento y la iluminación, y a menudo se recurre a él para que aporte claridad y comprensión en situaciones difíciles. Uriel también es conocido como el *arcángel de la salvación*, que ayuda a individuos y comunidades enteras a superar dificultades y a encontrar esperanza en los momentos más difíciles. ¿Cuándo puede ayudarte el Arcángel Uriel?

Cuando te sientes perdido o inseguro de tu camino

Cuando te sientas perdido o inseguro sobre qué camino tomar para avanzar, el Arcángel Uriel vendrá a ayudarte. Si te enfrentas a una decisión difícil sobre tu carrera, una relación o cualquier otro ámbito de la vida, Uriel te aportará la claridad y la orientación que necesitas. Al invocar a Uriel, puedes conectar con tu sabiduría interior y desarrollar una comprensión más profunda de tu propósito y de los pasos que debes dar para alcanzar tus objetivos.

Cuando luchas con una situación difícil

Si estás atravesando un momento difícil, como una crisis de salud, dificultades económicas o una pérdida personal, el Arcángel Uriel será quien te reconforte y apoye. Puede ayudarte a encontrar la paz y la esperanza incluso en las circunstancias más difíciles. Puedes aprovechar su energía divina y sacar fuerzas de su sabiduría y guía pidiendo ayuda a Uriel.

Cuando te sientes abrumado o estresado

El Arcángel Uriel también puede ayudarte si te sientes abrumado, estresado o ansioso. Su presencia puede aportar una sensación de calma y paz, ayudándote a dejar de lado las preocupaciones y los miedos y a centrarte en el presente. Al conectar con Uriel, encontrarás la fuerza necesaria para afrontar cualquier reto con gracia y facilidad.

Cuando busques una conexión espiritual más profunda

Por último, el Arcángel Uriel puede ayudarte cuando desees sanar y transformarte a todos los niveles. Tanto si te enfrentas a desafíos físicos, emocionales o espirituales, Uriel puede ayudarte a liberar patrones, creencias y emociones negativas y a pasar a un estado de ser más positivo y alegre. Al trabajar con Uriel, puedes ayudar a transformar tu vida y entrar en un lugar de mayor amor, luz y sanación.

El Arcángel Uriel es un poderoso y compasivo aliado para cualquiera que necesite superar retos, profundizar en su conexión espiritual y vivir una vida más plena. Tanto si te enfrentas a circunstancias difíciles, como si buscas mayor claridad y comprensión, o quieres sanar y transformarte a todos los niveles, Uriel está ahí para guiarte y apoyarte. Así que, si necesitas su ayuda, sólo tienes que invocarlo con el corazón y la mente abiertos, y confiar en que estará ahí para ayudarte en cada paso del camino.

Ejercicios paso a paso para conectar con el Arcángel Uriel

¿Alguna vez has sentido que necesitas ayuda, guía o apoyo del reino celestial? Los Arcángeles son conocidos por ofrecerte de manera precisa eso, especialmente el Arcángel Uriel. Es el ángel de la sabiduría, el conocimiento y la perspicacia, y sin duda puede acudir en tu ayuda. Esta sección presenta tres ejercicios paso a paso para conectar con el Arcángel Uriel: meditaciones, afirmaciones y mantras.

Ejercicio 1: Meditación

La meditación es una poderosa habilidad para conectar con lo divino. Para empezar, busca un lugar tranquilo y apacible para sentarte cómodamente. Cierra los ojos y respira profundamente unas cuantas veces. Visualízate rodeado de una luz dorada que te protege y te guía. A continuación, visualiza al Arcángel Uriel de pie ante ti, irradiando sabiduría y conocimiento. Pídele orientación o claridad sobre una situación concreta y escucha su respuesta. Puedes recibir mensajes a través de pensamientos, sentimientos o incluso sensaciones físicas. Finaliza la meditación agradeciendo al Arcángel Uriel su guía.

Ejercicio 2: Afirmaciones

Las afirmaciones son afirmaciones positivas que reprograman tu mente subconsciente. Para conectar con el Arcángel Uriel utilizando afirmaciones, intenta repetir diariamente las siguientes afirmaciones:

- Arcángel Uriel, por favor, guíame hacia el camino de la sabiduría y el conocimiento.

- Estoy abierto a recibir guía y conocimiento del Arcángel Uriel.
- Arcángel Uriel, por favor bendíceme con claridad y comprensión en todas las áreas de mi vida.

Repite estas afirmaciones por la mañana o antes de acostarte, o siempre que necesites apoyo adicional.

Ejercicio 3: Mantras

Los mantras son palabras o frases sagradas que se repiten para crear una sensación de paz, calma y armonía. Para conectar con el Arcángel Uriel utilizando mantras, intenta repetir lo siguiente al menos 108 veces:

- Om Anandamayi Namah (Estoy lleno de alegría divina)
- Divyatma Prabhu Pragaya Namah (La luz de Dios está dentro de mí y a mi alrededor)

El recitado de estos mantras desbloqueará tu sabiduría interior y estarás receptivo a la guía del Arcángel Uriel. Invocan la energía del Arcángel Uriel, despejan la mente y centran los pensamientos. Repite el mantra mientras estás sentado en un entorno tranquilo y pacífico, y visualiza la energía del Arcángel Uriel rodeándote. Utilizando estos tres ejercicios, puede profundizar también su conexión con el Arcángel Uriel y recibir su guía y apoyo siempre que lo necesites. Recuerda confiar en el proceso y tener fe en que recibirás los mensajes necesarios.

Desarrollar la capacidad de sentir una presencia angélica

¿Alguna vez has sentido una presencia que no puedes explicar? O tal vez has tenido una experiencia que te dejó sintiéndote elevado e inspirado, pese a que no sabías por qué. Tal vez sentiste la presencia de un ser angelical. Se cree que los ángeles son seres espirituales que existen para guiarnos y protegernos en nuestro viaje por la vida. Sin embargo, no todo el mundo puede sentir su presencia. Esta sección explorará algunas técnicas que te ayudarán a desarrollar tu capacidad para sentir la presencia de un ángel.

Cultivar un estado de receptividad

Una de las claves para sentir la presencia de los ángeles es cultivar un estado de receptividad. Esto significa abrirte a sensaciones e impresiones sutiles que normalmente pasarías por alto. Para ello, practica la meditación de atención plena, que consiste en prestar atención a las sensaciones del cuerpo y al momento presente. A medida que estés más en sintonía con tus experiencias físicas y emocionales, es posible que también percibas la presencia de seres espirituales.

Presta atención a tu intuición

Otra forma de sentir la presencia de los ángeles es prestar atención a tu intuición. La intuición se describe a menudo como una "corazonada" o una sensación de conocimiento que viene de más allá de la mente racional. Muchas personas creen que los ángeles se comunican con nosotros a través de nuestra intuición, por lo que es necesario desarrollar esta facultad. Para ello, escribe un diario sobre tus corazonadas intuitivas y presta atención a las sincronicidades o coincidencias que se produzcan en tu vida.

Practica la gratitud

La gratitud es una poderosa herramienta para atraer energía positiva y conexiones espirituales. Cuando cultivamos un sentimiento de gratitud por las bendiciones de nuestra vida, nos abrimos a recibir aún más bendiciones. Para practicar la gratitud, intenta llevar un diario de gratitud en el que escribas tres cosas por las que estás agradecido cada día. También puedes hacer un altar de la gratitud en el que coloques objetos que representen cosas por las que estás agradecido y dediques unos momentos cada día a reflexionar sobre ellas.

Pide ayuda

Los ángeles siempre están dispuestos a ayudarnos, pero no intervendrán a menos que les pidamos ayuda. Si estás luchando con un problema o necesitas orientación, intenta pedirle ayuda a tus ángeles. Puedes hacerlo a través de la oración, la meditación o simplemente hablando en voz alta como si estuvieras hablando con un amigo de confianza. Específica para qué necesitas ayuda y confía en que tus ángeles acudirán en tu ayuda.

Confía en tu experiencia

Por último, cuando sientas la presencia de los ángeles, confía en tu experiencia. Puede que algunas personas tachen tus experiencias de "imaginaciones" o "ilusiones", pero sólo tú puedes saber lo que sientes y percibes. Confía en que tus experiencias son válidas, aunque no puedas demostrárselas a los demás.

Desarrollar la capacidad de percibir la presencia de los ángeles puede ser muy útil para afrontar los retos de la vida y conectar con lo divino. Cultivando un estado de receptividad, prestando atención a tu intuición, practicando la gratitud, pidiendo ayuda y confiando en tus experiencias, puedes sintonizar cada vez más con las energías sutiles y la guía espiritual que nos rodea a todos. Con el tiempo y la práctica, descubrirás que puedes sentir la presencia de los ángeles más fácilmente y que tus interacciones con ellos traen paz, consuelo e inspiración a tu vida.

Ejercicios diarios

A menudo se considera que los ángeles son seres celestiales que están aquí para ayudarnos y protegernos. Se dice que nos brindan orientación, inspiración y apoyo en momentos de necesidad. Aunque a algunas personas les resulta más fácil sentir la presencia de los ángeles que a otras, hay formas de desarrollar la capacidad de sentirlos. He aquí algunos ejercicios diarios que pueden ayudarte a sentir la presencia angélica.

- **Paseos por la naturaleza:** La naturaleza es una forma maravillosa de conectar con la energía de los ángeles. Da un paseo por la naturaleza todos los días y presta atención a las señales que te rodean. Fíjate en los pájaros, los árboles, las flores, el viento y otros elementos de la naturaleza. Mantente abierto a recibir mensajes de tus ángeles a través de estas señales. También puedes pedirle a tus ángeles que te acompañen en tu paseo y te guíen a lo largo de tu camino.

- **Escribir un diario:** Escribir un diario es una excelente manera de conectar con la energía de los ángeles y recibir su guía. Escribe diariamente tus pensamientos y sentimientos, e invita a tus ángeles a comunicarse contigo a través de tu escritura. También puedes anotar cualquier señal o mensaje que recibas de tus ángeles a lo largo del día.

- **Yoga y meditación:** El yoga y la meditación son dos excelentes métodos para conectar con la energía de los ángeles. Dedica un tiempo cada día a practicar yoga o meditar, y concéntrate en la intención de abrirte a la presencia de los seres angélicos. Mientras practicas, pídele a tus ángeles que se unan a ti y te guíen.

Si incorporas estos ejercicios diarios a tu rutina, podrás desarrollar tu capacidad para sentir la presencia angélica. Recuerda mantenerte abierto, receptivo y confiado, y permite que la energía de los ángeles te rodee. Con la práctica, adquirirás más confianza en tu capacidad para sentir su presencia y recibir su guía. Confía en que tus ángeles están siempre contigo, guiándote hacia tu bien más elevado.

Invocar a los arcángeles puede ser una forma poderosa de conectar con lo divino y recibir su guía. Si cultivas un estado de receptividad, prestas atención a tu intuición, practicas la gratitud, pides ayuda y confías en tus experiencias, podrás estar más en sintonía con las energías sutiles de estas presencias angélicas. Con el tiempo y la práctica, es posible desarrollar una relación más profunda con tus ángeles y acceder a su sabiduría. Recuerda permanecer abierto, confiado y receptivo mientras exploras este reino de conexión espiritual. Tus ángeles están aquí para ti, así que no temas buscar ayuda cuando la necesites. Tu viaje hacia una comprensión más profunda de la guía angélica seguramente traerá paz, consuelo e inspiración a tu vida.

Capítulo 3: Señales de la presencia de Uriel

Uriel es el Arcángel de la Sabiduría y un mensajero entre Dios y las personas. Nos transmite sus mensajes a través de signos, símbolos y presagios. Aunque se sabe que Uriel se comunica a través de diversos medios, su presencia puede reconocerse por ciertos símbolos y signos. Para entender mejor cuáles son estos signos y símbolos y qué significan, necesitamos una clara comprensión del papel de Uriel en nuestras vidas.

Este capítulo ofrecerá una visión general de los símbolos y signos asociados a la presencia de Uriel, explorando al mismo tiempo en profundidad los diversos aspectos del papel de Uriel como Arcángel de la Sabiduría. También examinará las experiencias individuales de las personas que han entrado en contacto con Uriel y cómo esta práctica ha afectado a su percepción de la vida. Al final del capítulo, comprenderás mejor los signos y símbolos que indican la presencia de Uriel.

Desentrañando los significados de los símbolos y representaciones de Uriel

Uriel es uno de los arcángeles mencionados en los libros sagrados judíos, cristianos e islámicos. A menudo se lo nombra como la luz de Dios, y su nombre se traduce como "Dios es mi luz". A lo largo de los años, han surgido varios símbolos y representaciones de Uriel, cada uno con un significado único. En esta sección examinaremos más de cerca algunos de estos símbolos y lo que significan.

La llama

Se suele representar a Uriel sosteniendo una antorcha encendida[3]

El primer símbolo asociado a Uriel es la llama. En muchas ilustraciones, Uriel sostiene una antorcha encendida o se sienta sobre un orbe de fuego. Esta llama representa la parte luminosa de su nombre, la luz de Dios. La luz irradia de él, aportando claridad e iluminación al mundo. La llama también representa la pasión de Uriel por ayudar a la humanidad a encontrar el camino de vuelta a la luz divina de Dios.

El libro

Otro símbolo que suele asociarse a Uriel es un libro. En las ilustraciones cristianas, a menudo se lo representa portando un libro abierto o un pergamino, que simboliza el conocimiento que le ha dado Dios. El libro también simboliza el papel de Uriel como maestro divino, que ofrece iluminación a quienes están abiertos a ella. Como ángel de la sabiduría, se cree que Uriel guía a las personas hacia la verdad del plan de Dios para la humanidad.

La balanza

El tercer símbolo es la balanza. La balanza de la justicia también está asociada a Uriel, simbolizando su papel de juez divino. La balanza representa el equilibrio y la imparcialidad que se dice que Uriel aporta cuando juzga, asegurándose de que cada decisión que toma es justa y equitativa. Las personas que se sienten perdidas o abrumadas a menudo recurren a la energía de Uriel para equilibrar sus vidas.

El Arco y la flecha

Por último, a menudo se muestra a Uriel sosteniendo un arco y una flecha. Estos símbolos representan su función de ayudar a las personas a vencer sus miedos y ansiedades. Se dice que la energía de Uriel inspira coraje y valentía, las características que necesitamos cuando nos enfrentamos a situaciones difíciles. También se cree que nos ayuda a sacar nuestra fuerza interior y a mantenernos firmes ante la adversidad.

Cuando observamos estos símbolos y representaciones de Uriel, vemos a un arcángel que representa la luz, el conocimiento, la justicia y el valor de Dios. La energía de Uriel puede ayudarnos a encontrar el camino de vuelta a nuestro verdadero propósito y aportar claridad a nuestras vidas. Comprendiendo estos símbolos, podemos aprovechar su energía y dejar que nos guíe hacia nuestro verdadero yo. Abracemos la luz de Uriel y dejemos que su energía nos guíe hacia la sabiduría, la justicia y el valor en nuestras vidas.

Números repetitivos: Señales de la presencia de Uriel

¿Alguna vez ha experimentado ver los mismos números una y otra vez? ¿Quizás miraste el reloj y eran las 11:11, y más tarde notaste los mismos números en la pantalla de tu teléfono y de tu ordenador? Lo creas o no, esto podría ser una señal de que el Arcángel Uriel está intentando comunicarse contigo. Analicemos los números repetitivos y cómo se relacionan con la presencia de Uriel.

Números angélicos

Dado que Uriel está asociado con la sabiduría, a menudo se comunica con nosotros a través de signos y símbolos, incluidos los números repetitivos. Ver números repetitivos es una señal común de Uriel, y a menudo se conoce como "números de ángel" o "mensajes divinos". Cada número tiene un significado y un sentido, y prestar atención a los números que se te muestran es importante. Por ejemplo, ver el número 1111 puede representar nuevos comienzos y el despertar espiritual. Por su parte, el número 333 puede simbolizar crecimiento y progreso.

No sólo los números individuales son significativos, sino también su repetición. Cuanto más se repite el mismo número, más fuerte es el mensaje de Uriel. Así, si continúas viendo el número 777, esto podría sugerir que Uriel está reconociendo tu progreso espiritual y tus logros.

Descifrar los mensajes

Hay algunas formas de descifrar los mensajes de Uriel a través de números repetitivos. En primer lugar, toma nota y recuerda los números que sigues viendo. Para comprender su significado, puedes investigar el significado de estos números en Internet o a través de guías espirituales. Otro método consiste en formular una pregunta mentalmente y prestar atención al siguiente grupo de números que veas después de formular la pregunta. El número podría contener la respuesta a tu pregunta.

Ver números repetitivos no tiene por qué ser una experiencia espiritual. Podría tratarse simplemente de que tu mente se sintoniza con patrones. Sin embargo, si crees en el significado espiritual de ver números repetitivos, tómate tu tiempo para apreciar el mensaje que se te envía.

Ver números repetitivos indica que Uriel está intentando comunicarse contigo. Presta atención a los números que se te muestran y a su repetición. Toma nota de los números que ves y de sus significados, e intenta comprender el mensaje de Uriel. Ya sea un mensaje de tranquilidad o de guía, la presencia de Uriel puede aportar una sensación de consuelo y comprensión. Así que, la próxima vez que veas números repetitivos, tómate un momento para apreciar el mensaje que te está enviando.

Encuentros con animales: Señales de la presencia de Uriel

Encuentros con animales: Señales de la presencia de Uriel

Cuando se trata de experimentar lo divino, hay muchas maneras de hacerlo. Algunos meditamos y sentimos una sensación de calma o escuchamos una voz dentro de nuestras cabezas. Otros pueden sentir la presencia de alguien o algo que vela por ellos. Para quienes creen en la existencia de los ángeles, los encuentros con animales pueden ser una clara señal de su presencia. Uriel, el arcángel de la sabiduría, es conocido por comunicarse utilizando animales para transmitirle sus mensajes a la gente. He aquí diferentes signos de la presencia de Uriel a través de encuentros con animales.

- **Pájaros:** Si miras al cielo y notas que un pájaro te sobrevuela, podría ser una señal de la presencia de Uriel. Según las creencias espirituales, los pájaros son mensajeros del reino angélico. Cuando veas un pájaro, observa su comportamiento. ¿Parece que intenta llamar tu atención? ¿Vuela cerca de ti? Estas podrían ser señales de que Uriel está intentando comunicarse contigo, recordándote que confíes en tu intuición y en tu camino espiritual.

- **Mariposas:** Las mariposas son símbolos de transformación y cambio. Si una mariposa se posa sobre ti o te sigue dondequiera que vayas, podría ser una señal de Uriel de que necesitas hacer algunos cambios en tu vida. Las mariposas también pueden significar un despertar espiritual, instándote a perseguir tu pasión y propósito en la vida.

- **Búhos:** Se dice que Uriel a menudo se comunica con la gente a través de los búhos. Los búhos son símbolos de sabiduría, intuición y transformación. Si ves regularmente búhos por la noche o durante la meditación, Uriel puede estar guiándote hacia una comprensión más profunda de ti mismo y del mundo que te rodea.

- **Perros:** Los perros son conocidos por su lealtad y su amor incondicional. Si tienes un perro, presta atención a su comportamiento. ¿Parece estar intentando decirte algo? ¿Se comporta de forma diferente cuando estás triste o ansioso? Los perros perciben nuestras emociones y pueden estar intentando reconfortarnos o recordarnos que debemos ser amables con nosotros mismos.

- **Gatos:** Los gatos son animales independientes que parecen tener un sexto sentido cuando se trata de la energía. Si tienes un gato, observa su comportamiento. ¿Lo atraen determinadas personas o lugares? ¿Parece captar la energía negativa de la casa? Los gatos pueden ayudarnos a sintonizar con nuestra intuición y recordarnos que debemos confiar en nuestros instintos.

Los encuentros con animales pueden ser una señal de la presencia de Uriel en nuestras vidas. Ya sea un pájaro, una mariposa, un búho, un perro o un gato, estas criaturas pueden comunicarse con nosotros de formas de las que quizá no nos demos cuenta. Prestando atención a su comportamiento y simbolismo, podemos recibir orientación espiritual del reino angélico, recordándonos que debemos confiar en nuestra intuición, perseguir nuestras pasiones y difundir el amor y la bondad allá donde vayamos.

Instintos: Señales de la presencia de Uriel

Cuando nos sentimos perdidos, solos o inseguros de nosotros mismos, a menudo encontramos consuelo en la espiritualidad. Buscamos orientación y respuestas a nuestras preguntas. Puede ser muy reconfortante creer que alguien nos guía y vela por nosotros. Para muchas personas, esa fuerza que nos guía es Uriel.

Uriel aporta respuestas, perspicacia y curación a nuestras vidas. Pero ¿cómo podemos saber si Uriel está presente con nosotros o si se trata de otra cosa? Si aprendemos a reconocer las señales de su presencia en nuestras vidas, podremos profundizar nuestra conexión con él y encontrar más guía y apoyo.

Esta sección explorará los instintos generalmente asociados con la presencia de Uriel. Desde sentimientos intuitivos hasta sensaciones físicas, estas señales pueden ayudarnos a sentirnos más conectados con Uriel y nuestro poder superior y más seguros en nuestro viaje espiritual.

Una sensación de calidez y confort

Cuando Uriel está presente, muchas personas afirman sentir una sensación de calidez y confort. Es como estar envuelto en una acogedora manta o sentado junto a un fuego crepitante. Esta sensación puede producirse en cualquier momento, pero suele ser más evidente cuando nos sentimos perdidos, asustados o inseguros. Si de repente te sientes cálido y reconfortado, tómate un momento para reconocer la presencia de Uriel en tu vida.

Súbitas percepciones y claridad

Uriel es el arcángel de la sabiduría, por lo que no es de extrañar que su presencia aporte a menudo claridad y perspicacia. Es posible que de repente tengas un destello de inspiración, una nueva comprensión de un problema o una realización que te ayude a ver las cosas bajo una nueva luz. Estas percepciones pueden llegarnos de muchas maneras, desde un impulso repentino de escribir algo hasta un sentimiento de certeza sobre una decisión. Presta atención a estos momentos y comprueba si puedes reconocer la mano de Uriel en ellos.

Sensación de protección

Uriel es también conocido por su energía protectora; muchas personas dicen sentirse más seguras y protegidas cuando él está cerca. Puede que notes que eres menos propenso a los accidentes, que confías más en tus habilidades o que eres más consciente de lo que te rodea. Esta energía protectora puede ser muy reconfortante, especialmente en momentos de dificultad o peligro.

Una sensación de paz y calma

Cuando Uriel está presente, muchas personas dicen sentir paz y calma. Esto puede ser especialmente útil en momentos de estrés, ansiedad o preocupación. Puede que de repente te sientas más centrado, con los pies en la tierra, la cabeza más despejada o más tranquilo. Esta sensación de paz puede ayudarte a centrarte en lo importante y a dejar de lado distracciones y preocupaciones.

Un sentimiento intuitivo

Por último, la presencia de Uriel suele ir acompañada de un fuerte sentimiento intuitivo. Puede que de repente sientas que sabes qué hacer o que intuyes lo que va a ocurrir a continuación. Este tipo de intuición puede ser muy poderosa y guiarte en situaciones difíciles o confusas. Si alguna vez tienes un fuerte sentimiento intuitivo, tómate un momento para considerar si Uriel podría estar intentando comunicarse contigo.

La presencia de Uriel puede traer consuelo, claridad, protección, paz y guía intuitiva a nuestras vidas. Si aprendemos a reconocer los signos de su presencia, podremos profundizar nuestra conexión con este poderoso arcángel y encontrar más guía y apoyo en nuestro camino espiritual. Tanto si sientes una calidez repentina, como si adquieres nuevas percepciones o simplemente sientes una sensación de paz, tómate un momento para reconocer la presencia de Uriel en tu vida y deja que te guíe hacia una mayor sabiduría y luz.

Repentinos destellos de inspiración: Señales de la presencia de Uriel

Todos conocemos esa sensación de inspiración repentina que nos asalta de la nada. Es ese momento en el que nuestra mente repentinamente se llena de una idea, una solución a un problema con el que hemos estado luchando, o un nuevo sentido de propósito. Pero ¿de dónde viene esta inspiración repentina? ¿Es posible que el arcángel Uriel esté intentando comunicarse con nosotros? He aquí algunas señales de la presencia de Uriel y lo que podrían significar para ti.

Deslumbrantes destellos de luz

Uno de los signos más comunes de la presencia de Uriel es un repentino destello de luz, a menudo acompañado de una sensación de hormigueo. Esto podría ser una señal de que Uriel está intentando guiarte hacia un nuevo camino o ayudarte a ver las cosas bajo una nueva luz. Presta atención a cualquier patrón o color en los destellos de luz, ya que podrían contener pistas sobre lo que Uriel está tratando de comunicarte.

Sensación de paz interior

Cuando Uriel está cerca, es posible que sientas una sensación de paz interior y serenidad que irradia por todo tu ser. Esta es una señal de que Uriel te está guiando suavemente hacia un estado de calma y claridad para que puedas recibir los mensajes y percepciones que te llegan con más seguridad. Si te sientes abrumado o atascado en la rutina, llama a Uriel para que te ayude a encontrar el camino de vuelta a un estado de paz y tranquilidad.

Sincronicidades y coincidencias

Otra señal de que Uriel está intentando comunicarse contigo es la aparición de sincronicidades y coincidencias en tu vida. Puede tratarse de cualquier cosa, desde ver repetidamente los mismos números o símbolos hasta encontrarte con personas que comparten tus pasiones o intereses en momentos inesperados. Estas sincronicidades son a menudo pequeños empujones de Uriel, que te instan a prestar atención y seguir las migas de pan para descubrir nuevas oportunidades o caminos destinados a ti.

Una sensación de mayor intuición

Uriel es conocido como el arcángel de la sabiduría y la intuición, por lo que no es de extrañar que su presencia a menudo conduzca a una mayor sensación de intuición y conocimiento interior. Puede que de repente te sientas más atento a tus pensamientos y sentimientos y a los de los que te rodean. Confía en estas intuiciones, ya que podrían ser muy valiosas para guiarte hacia tu verdadero propósito o vocación.

Estallidos de inspiración y energía creativa

Quizá los signos más evidentes de la presencia de Uriel sean las repentinas ráfagas de inspiración y energía creativa que surgen aparentemente de la nada. Es posible que sientas un repentino impulso de iniciar un nuevo proyecto, escribir un libro o aprender una nueva habilidad. Estas ráfagas de inspiración suelen ser regalos de Uriel, que te ayuda a explotar tu potencial creativo y a expresarlo de forma que te sirva a ti y a los demás.

Los signos de la presencia de Uriel son variados y matizados. Desde destellos de luz y paz interior hasta sincronicidades e intuición agudizada, Uriel intenta constantemente comunicarse con nosotros y guiarnos hacia nuestro bien más elevado. La clave está en permanecer abierto, receptivo y confiado a las señales y mensajes que nos llegan. Si estás buscando un nuevo camino, un renovado sentido del propósito o simplemente una conexión más profunda contigo mismo y con el universo, Uriel siempre está ahí, preparado y dispuesto a ayudarte a encontrar tu camino.

Encontrar la presencia de Uriel a través de los signos eléctricos

Conocido como el Ángel de la Luz, Uriel es el arcángel de la sabiduría y la iluminación. Un hecho menos conocido sobre Uriel es que también está asociado con los signos eléctricos. Esta sección explorará los signos de la presencia de Uriel y cómo reconocerlos.

Sobretensiones eléctricas

Uno de los signos más comunes que se cree que están asociados con la presencia de Uriel son las sobretensiones eléctricas. Puede que hayas notado que las luces parpadean o que aumenta la intensidad del brillo de las bombillas. Algunas personas también creen que Uriel a veces apaga aparatos eléctricos o gadgets para llamar tu atención.

Sentir la energía

Otra forma de reconocer la presencia de Uriel es prestando atención a tus niveles de energía. Es posible que sientas un repentino aumento de energía o escalofríos, lo que indica que Uriel está creando una vía para comunicarse contigo. Se dice que durante esos momentos, también podrías recibir visiones o mensajes de Uriel telepáticamente o a través de la intuición.

El poder de los números

Uriel también está asociado con la secuencia numérica del 111. Si empiezas a ver el 111 con frecuencia o repetidamente, se cree que es una señal de la presencia de Uriel. Ver cifras triples o números repetitivos también se asocia con el arcángel del perdón, la unidad y la paz.

Sucesos inusuales

Otro signo de la presencia de Uriel es cuando experimentas sucesos inusuales que desafían tu comprensión de la lógica o la ciencia. Podría ser un encuentro casual con alguien conocido o el descubrimiento de un objeto que has estado buscando. Estos acontecimientos pueden parecer insignificantes, pero podrían revelarte la presencia y protección de Uriel.

Sentir una presencia

Por último, puedes sentir la presencia de Uriel a través de tu intuición o voz interior. Tu intuición podría significar que Uriel está contigo, vigilándote y guiándote. Confiar en esta sensación y trabajar tus habilidades intuitivas puede ayudarte a conectar con Uriel a un nivel más profundo.

Las señales eléctricas y la presencia de Uriel pueden ser difíciles de reconocer al principio, pero con tiempo y paciencia, podrás conectar con el Ángel de la Luz. Recuerda siempre mantenerte positivo, abierto y curioso sobre el mundo que te rodea. La guía y la sabiduría de Uriel están ahí para ayudarte a navegar por el propósito de tu vida con mayor claridad y facilidad. ¡Mantén los ojos abiertos a las señales eléctricas y confía en la sensación de calidez y positividad que te acompaña!

Las increíbles historias de la presencia de Uriel

Millones de personas de todo el mundo creen en el poder de los ángeles. Estos seres divinos son conocidos por brindar consuelo, protección, guía y apoyo a quienes creen en ellos. Entre los arcángeles, Uriel es considerado uno de los más poderosos y cariñosos. Se dice que Uriel trae mensajes de esperanza, curación y luz a la humanidad. Esta sección explorará los relatos reales de experiencias personales de la presencia de Uriel y lo que la gente tiene que decir sobre su impacto en sus vidas.

Sanación a través de una visión divina

Muchas personas han experimentado algún tipo de curación física, mental o emocional gracias a la presencia de Uriel. Por ejemplo, se ha informado de personas que han tenido visiones de Uriel durante graves enfermedades o trastornos emocionales. Estas visiones han brindado consuelo y curación, dándole a las personas la fuerza para soportar y superar sus desafíos. Una mujer cuenta que vio a Uriel en un momento de profunda tristeza e instantáneamente sintió paz y consuelo. Cree que Uriel le fue enviado como mensajero de esperanza, recordándole que era amada y que todo saldría bien.

Consuelo en momentos de sufrimiento

También se sabe que Uriel ayuda a las personas a superar la pérdida y el dolor. Numerosas personas han sentido su presencia tras la muerte de un ser querido. Una mujer cuenta que luchaba por superar la muerte repentina de su marido. Una noche, cuando tenía problemas para dormir, sintió una fuerte presencia en su habitación. Levantó la vista y vio a Uriel de pie, tendiéndole la mano. Al instante sintió paz y consuelo, sabiendo que su marido estaba en buenas manos y que Uriel la ayudaría a superar su dolor.

Protección y orientación

También se ha informado de personas que han sentido la presencia de Uriel cuando se encontraban en peligro o ante una decisión difícil. Uriel es un poderoso ángel de la guarda que protege de todo mal a quienes creen en él. Un hombre cuenta que conducía de noche por una carretera desierta cuando sintió que su coche súbitamente se detenía. Cuando se bajó para comprobar el motor, sintió una fuerte presencia detrás de él. Cuando se dio la vuelta, vio a Uriel de pie, con una expresión de tranquilidad en el rostro. El hombre sintió una repentina sensación de seguridad y supo que Uriel lo había detenido para evitar que se encontrara en una situación potencialmente peligrosa.

Señales de la presencia de Uriel

Muchas personas han declarado haber visto señales de la presencia de Uriel, aunque no lo hayan visto directamente. Algunas personas han visto arco iris o nubes en forma de ángel o han sentido una repentina brisa o un cambio de temperatura. Uriel se comunica a través de signos y símbolos, haciendo saber a la gente que está con ellos y vela por ellos. Una mujer contó que estaba lidiando con una decisión difícil y pidió la guía de Uriel. Ese mismo día, una mariposa se posó en su mano y permaneció allí durante varios minutos. Supo que era una señal de Uriel que le decía que confiara en su instinto y tomara la decisión correcta.

Estas historias de la presencia de Uriel son realmente inspiradoras y edificantes. Uriel tiene un poderoso impacto en las vidas de aquellos que creen en él. Ya sea a través de la curación, el consuelo, la protección o la orientación, Uriel es un faro de esperanza en un mundo que a menudo parece oscuro y aterrador. Así que, si alguna vez te sientes perdido, solo o asustado, recuerda que Uriel siempre está contigo, velando por ti y guiándote hacia la luz.

Este capítulo ha explorado los relatos personales de la presencia de Uriel en la vida de las personas. En tiempos de dificultades, tristeza o confusión, se dice que Uriel ofrece curación y consuelo a quienes lo invocan. Es un poderoso ángel de la guarda, que vigila y protege a sus seguidores del peligro. Muchos han visto señales de la presencia de Uriel, que les recuerdan que no están solos y que Uriel siempre está con ellos. Si alguna vez te sientes perdido o asustado, recuerda invocar a Uriel; nunca te decepcionará. Cree en Él y en su amorosa guía; Él te guiará hacia la luz.

Capítulo 4: Crear un espacio angélico sagrado

¿Sientes la presencia de los ángeles en tu vida, pero no sabes cómo acceder a su poder? ¿Buscas una forma de honrar a estos guías espirituales y agradecer sus dones? Crear un espacio sagrado o altar angélico es una forma de hacerlo.

Al crear un altar angélico y establecer una intención, puedes abrir la puerta a las bendiciones angélicas, y cuando creas uno para Uriel, la luz de la sabiduría y la protección brilla a través de él. Este capítulo te explicará cómo hacerlo para que puedas acceder a la energía de Uriel. Proporcionará herramientas y ejercicios prácticos para ayudarte a crear un altar angélico que honre la presencia de Uriel en tu vida. El objetivo es crear un lugar de paz y protección que te permita acceder al poder divino y a la conexión con los ángeles. Crear este espacio sagrado y honrar a Uriel puede abrir la puerta a bendiciones divinas.

Crear un espacio de energía intencional

Los altares angélicos te permiten conectar con un poder superior*

Un espacio sagrado o altar angélico es un área específica donde puedes conectarte con un poder superior, meditar o simplemente encontrar paz y consuelo. Este espacio se basa en la intención y la energía, y en él creas un entorno que resuene con la persona o entidad a la que quieres invitar a tu vida. Tanto si eres religioso o espiritual como si sólo quieres un rincón tranquilo en casa que te ayude a relajarte y descansar, tener un espacio sagrado puede beneficiarte de muchas más maneras de las que imaginas. Esta sección explorará el significado de crear un espacio sagrado, por qué la intención y la energía son cruciales, y cómo crear un espacio que refleje tu personalidad, donde te sientas libre de ser tú mismo.

Definir el espacio sagrado

¿Qué es exactamente un espacio sagrado? En pocas palabras, un espacio sagrado es cualquier espacio designado que tenga significado para una persona o una comunidad. Puede ser una habitación de tu casa, un rincón de una habitación, un jardín o un patio, o cualquier espacio que consideres importante. El aspecto más importante de cualquier espacio sagrado es la intención que hay detrás de él. Mantener la energía dentro de ese espacio positiva e intencionada es crucial, asegurándote de que cada objeto y detalle está ahí por una razón. Tanto si creas un espacio para conectarte con tu yo superior como para invitar a ángeles y espíritus a tu vida, tu intención debe ser muy clara antes de comenzar.

Importancia del espacio sagrado

La importancia de crear un espacio sagrado reside en el hecho de que aporta una representación física de tu conexión con lo divino. Sirve como recordatorio del amor y la luz que te rodean y también puede ser una poderosa herramienta para manifestar cambios positivos en tu vida. Al tener un espacio dedicado a tu espiritualidad, estás enviando un mensaje al universo de que estás preparado y dispuesto a recibir orientación y apoyo en el viaje de tu vida. Al pasar tiempo en tu espacio sagrado, estás creando un lugar para la reflexión personal donde te mantienes centrado y con los pies en la tierra en medio del caos de la vida cotidiana.

La importancia de la energía

Al crear un espacio, es esencial recordar la importancia de la energía. La energía de tu espacio debe ser un reflejo de la intención que hay detrás de él. Piensa en los objetos que habrá en tu espacio. Todos ellos deben tener un significado, como los cristales, las velas y otras herramientas espirituales. Tómate también tiempo para pensar en los colores, texturas y materiales que vas a colocar. Incluso el aroma de tu espacio puede afectar a la energía que hay en él. Experimenta con aceites esenciales o quema incienso para crear una atmósfera que apoye tu intención.

Crear un espacio sagrado tiene que ver con la intención y la energía. Es una oportunidad para conectar con tu yo superior, el universo o cualquier entidad que quieras invitar a tu vida. Al dedicar tiempo y esfuerzo a crear un espacio sagrado que sea único y personal para ti, te estás comprometiendo con tu crecimiento espiritual y tu bienestar. Recuerda mantener tu intención clara como el cristal, llenar tu espacio con objetos que tengan un significado personal y prestar atención a la energía dentro de tu espacio. Que tu espacio sagrado te traiga paz, amor y luz en todo lo que hagas.

Cómo montar un altar angélico

Crear un espacio sagrado para los ángeles es una hermosa manera de conectar con los seres divinos y buscar su ayuda y guía. Es una representación física de nuestra intención y deseo de invitar a los ángeles a nuestras vidas. Al montar un altar, elige objetos que resuenen con la energía de los ángeles para ayudarte a sentirte más conectado con ellos. Veamos algunas formas y herramientas para crear un espacio angélico sagrado.

Elige un lugar adecuado

El primer paso para crear un altar angélico es elegir un lugar adecuado. Selecciona un lugar pacífico, tranquilo y libre de distracciones. Debe ser un lugar en el que puedas mantener el altar sin que los niños o las mascotas molesten. Una habitación libre o un rincón del salón pueden ser buenas opciones. Debe ser un lugar al que puedas acceder fácilmente y en el que puedas pasar tiempo para alimentar la conexión entre tú y los ángeles.

Selección de las cartas del oráculo angélico

Las cartas del oráculo angélico son herramientas perfectas para comunicarte con tus ángeles. Ofrecen una visión, inspiración y guía de los ángeles. Elige un juego que te atraiga e invita a los ángeles a que te ayuden a seleccionar las cartas que te ayudarán a experimentar su presencia divina. Guarda las cartas en una caja o en un lugar especial de tu altar para poder utilizarlas cuando las necesites. Al elegir las cartas, asegúrate de que sientas que están alineadas con tu intención.

Cartas angélicas

Las cartas angelicales son otra poderosa herramienta para conectar con los ángeles. Aquí es donde escribes cartas a tus ángeles y recibes respuestas canalizando mensajes de seres divinos. Comienza explicando tus deseos, sentimientos o preocupaciones y escríbelos. No los edites. Deja que tus sentimientos corran libres sobre el papel. Confía en el proceso y escucha los mensajes que vienen de los Ángeles. Puedes guardar estas cartas en un cuaderno o en una caja en tu altar.

Aromas y aceites

Los aromas y aceites pueden ser una excelente manera de crear un ambiente propicio para la comunicación angelical. Puedes utilizar incienso o aceites esenciales como lavanda, incienso o mirra. Estos aromas tienen propiedades calmantes y tranquilizadoras, que pueden ayudarte a relajarte y a conectar con los ángeles a un nivel más profundo. El aroma debe ser lo suficientemente suave como para no distraerte de tu intención y debe ser relajante y estimulante para tus sentidos.

Cristales

Los cristales son hermosas herramientas para mejorar tu conexión con los ángeles. Algunos de los cristales más utilizados para este fin son el cuarzo transparente, el cuarzo rosa, la selenita y la amatista. Estos cristales tienen energías vibratorias que pueden ayudarte a sentirte enraizado y conectado con lo divino. Tenlos en tu altar e incluso puedes utilizarlos para meditar. Además, puedes sostener un cristal en la mano y pedir ayuda y guía angelical.

Inciensos/Salvia

Quemar varitas aromáticas o hacer un sahumerio con salvia puede purificar y sanear el aire de tu espacio, haciéndolo más relajante. El incienso, la lavanda y el sándalo son excelentes opciones. El incienso puede potenciar tu espiritualidad, mientras que la lavanda es conocida por sus propiedades relajantes. Cuando utilices incienso, abre siempre una ventana o una puerta para que salga el humo. Una buena práctica es recitar una oración o intención angelical mientras enciendes el incienso e imaginar que el humo que sale es el portador de tus deseos.

Estatuas/imágenes de ángeles

Dado que el propósito de este espacio es darles la bienvenida a los ángeles es una gran idea incorporar decoración angelical en tu Espacio Sagrado. Las estatuas de ángeles, los cuadros u otros artículos de decoración angélica invitarán a tu deseada presencia angélica. La representación visual de los seres celestiales puede reconfortarte e inspirarte. Tómate tu tiempo para seleccionar los elementos que capten tu conexión con tus ángeles guardianes. Deja que tu intuición te guíe en la selección de los elementos que vas a incluir.

Música curativa

La música es una herramienta esencial que puede ayudarte a transformar tu espacio. La música curativa o los sonidos meditativos tranquilizadores pueden crear un ambiente pacífico y sereno en tu espacio angelical. Dependiendo de tus preferencias, puedes utilizar desde música floral hasta música chakra. Una de las mejores formas de disfrutar de esta música es utilizando auriculares o cascos. De este modo, se eliminarán todas las distracciones a tu alrededor y podrás concentrarte por completo en conectar con los ángeles.

Libros espirituales

También se dice que colocar libros espirituales o cartas de oráculos en tu espacio sagrado favorece el crecimiento espiritual y el bienestar. Puedes leerlos antes de meditar o simplemente tenerlos cerca. Estos objetos no sólo te servirán de guía, sino que también pueden ser una atractiva decoración. Colócalos en una cesta o caja decorativa y lucirán estupendos sin ocupar demasiado espacio. Utilízalos como recordatorio para mantener tus pensamientos e intenciones alineados con lo divino.

Montar un altar angélico puede ser una hermosa y transformadora experiencia. Es un espacio sagrado que puedes utilizar para conectar con los ángeles, buscar guía, recibir mensajes de lo divino y simplemente sentarte con serenidad. Al seleccionar los objetos adecuados para tu altar, estableces tus intenciones e invitas a los ángeles a comunicarse contigo. Con el tiempo y la práctica, aprenderás a crear un entorno que fomente una conexión profunda y significativa con tus ángeles. Confía en tu intuición y deja que los ángeles te guíen en este hermoso viaje.

Ejercicios de protección energética

Como seres espirituales, a menudo experimentamos momentos de vulnerabilidad y agitación emocional, que permiten que entidades negativas se adhieran a nuestra aura. Al invocar al Arcángel Uriel, debemos prepararnos y realizar ejercicios de protección energética para estar a salvo de cualquier negatividad que pueda comprometer nuestro viaje espiritual. Esta sección explorará los diferentes ejercicios de protección energética que puedes realizar para canalizar al poderoso arcángel y dar rienda suelta a tu guerrero interior.

Ejercicios de conexión a tierra

Los ejercicios de conexión a tierra también te ayudarán a mantener tu energía centrada y a crear una sólida base para el trabajo espiritual. Comienza poniéndote de pie con los pies firmemente plantados en el suelo y visualizando raíces que se extienden hasta el núcleo de la tierra. Estas raíces te ayudarán a sentirte conectado a la tierra y permitirán que las energías negativas fluyan libremente de tu cuerpo. También puedes probar visualizaciones de conexión a tierra que impliquen situarte en medio de una luz blanca que se extiende hasta el suelo.

Ejercicios de blindaje

Los ejercicios de blindaje ayudan a crear una capa de protección alrededor de tu aura, que impide que cualquier entidad negativa se adhiera a tu energía. Puedes utilizar el poder de la visualización para crear un escudo protector a tu alrededor. Imagina un impenetrable anillo de luz alrededor de tu aura. También puedes visualizar una luz blanca que desciende del Arcángel Uriel y te rodea con su protección.

Ejercicios de respiración

Los ejercicios de respiración te ayudan a alcanzar un estado meditativo profundo, necesario para invocar al Arcángel Uriel. Para ello, inhala y exhala profundamente, concentrándote en el aire que entra y sale de tu cuerpo. Inhala profundamente por la nariz, aguanta la respiración unos segundos y luego exhala lentamente por la boca. También puedes probar ejercicios de respiración con fosas nasales alternas que ayudan a equilibrar ambos hemisferios cerebrales.

Ejercicios de mantras y cánticos

Los mantras y los cantos han sido utilizados durante siglos para mejorar la conciencia espiritual y la protección. Puedes utilizar un simple canto, como "Om" o "Aum", mientras meditas para crear un sonido vibracional que proteja tu aura. Asimismo, puedes probar con un mantra utilizado para invocar al Arcángel Uriel, como "Uriel, invoco tu protección y guía", mientras te visualizas rodeado de su luz.

Ejercicios de relajación

Los ejercicios de relajación ayudan a calmar la mente y el cuerpo, algo esencial cuando se realiza un trabajo espiritual. Puedes utilizar técnicas de relajación como el yoga, la meditación o el tai chi, que te ayudan a estar quieto y concentrado. Este estado de calma mental te permite conectar fácilmente con el Arcángel Uriel y recibir su guía. Junto con los ejercicios de relajación, también puedes probar visualizaciones que impliquen imaginarte rodeado de un paisaje tranquilo.

Liberar al guerrero que llevas dentro comienza por profundizar en tu práctica espiritual y asegurarte de que estás protegido contra las entidades negativas. Estos ejercicios para la protección energética al invocar a Uriel te ayudarán a alcanzar un estado espiritual elevado, en el que podrás liberar todo tu potencial y conectar con la sabiduría y la guía del Arcángel Uriel. Recuerda practicar cada ejercicio con frecuencia y con intención, al igual que los más grandes guerreros siempre se preparan para la batalla. Así pues, preparémonos para convertirnos en guerreros espirituales y recibir el amor y la protección divinos que nos ofrece el Arcángel Uriel.

Métodos para mejorar la intención y la concentración

A medida que avanzamos hacia una sociedad en constante movimiento, cada vez resulta más difícil centrarse, estar quieto y concentrarse en la tarea que tenemos entre manos. No eres el único al que le cuesta hacer las cosas o se distrae constantemente. Sin embargo, no tiene por qué ser así. Esta sección explora métodos eficaces para potenciar la intención y lograr una mayor concentración.

Despeja tu mente

El primer paso para mejorar la concentración es despejar la mente de todas las distracciones. Empieza por crear una lista de tareas y priorizarlas. Esto te ayudará a centrarte primero en las tareas más importantes y a eliminar las distracciones innecesarias. Además, despeja tu espacio físico de cualquier cosa que pueda distraerte. Cuando te vengan los pensamientos, no tengas miedo de reconocerlos, pero luego déjalos ir y sigue adelante. Cuanto más practiques esto, más fácil te resultará.

Practica la atención plena

La atención plena es la práctica de permanecer presente en el momento, centrándote por completo en la tarea que estás realizando. Esto significa que tendrás que eliminar las distracciones de tu entorno y centrarte únicamente en una tarea. Respira hondo y permanece en el momento, disfrutando de la sensación de hacer las cosas. Si tu mente empieza a divagar, vuelve a centrarte en lo que estás haciendo y respira hondo de nuevo. Unos minutos de atención plena al día pueden suponer una gran diferencia en tu concentración y productividad.

Toma descansos

Es fundamental hacer pausas regulares a lo largo del día para reponer energías y refrescar la mente. Puede ser algo tan sencillo como dar un paseo o salir a tomar el aire. Tomar descansos te ayudará a mantener la concentración durante todo el día. Cuando te tomes un descanso, asegúrate de alejarte de cualquier distracción potencial que pueda desconcentrarte. Para aprovecharla al máximo, concéntrate en respirar profundamente, estirarte o hacer algo que te divierta. Si te sientes abrumado, tómate unos momentos para notar y aceptar tus sentimientos.

Establece objetivos

Establecer objetivos concretos puede ayudarte a mantener la motivación y la concentración. Fíjate objetivos diarios o semanales y asegúrate de que son específicos y mensurables. Tener algo en lo que trabajar te mantendrá centrado y motivado. Cuanto más alcanzables sean tus objetivos, más probable será que te mantengas en el buen camino y aumentes tu productividad. Una buena forma de mantenerte en el buen camino es escribir tus objetivos y hacer un seguimiento de tus progresos.

Elimina las distracciones

Identificar las distracciones en tu vida y eliminarlas puede cambiar tu concentración. Esto podría significar apagar las notificaciones del teléfono, cerrar las pestañas innecesarias del ordenador o simplemente evitar a las personas o actividades que te distraen. Toma conciencia de todas las cosas que te apartan de tu tarea y haz un esfuerzo consciente por eliminarlas.

Divide las tareas

Dividir las tareas más grandes en partes más pequeñas y manejables puede facilitar su realización. Esto te ayudará a centrarte en los pequeños pasos que te llevarán finalmente a completar la tarea y a sentirte bien contigo mismo por haberlo conseguido. Desde escribir una entrada en un blog hasta hacer la declaración de la renta, dividir las tareas en trozos más pequeños puede ayudarte a mantenerte centrado y motivado.

Prioriza el sueño

Un buen descanso nocturno es vital para una concentración y productividad óptimas. El sueño nos impulsa a mantenernos concentrados, alerta y motivados. Por eso es tan importante dar prioridad a un sueño reparador, profundo y reparador para mejorar la concentración en la vida diaria. Las sustancias químicas de nuestro cerebro necesitan tiempo para restablecerse y reponerse, así que asegúrate de dormir lo suficiente cada noche. Acostarte pronto puede marcar la diferencia en tu concentración y productividad al día siguiente.

Haz ejercicio regularmente

El ejercicio regular puede tener un gran impacto en tu concentración y productividad. Dedicar sólo 30 minutos al día a hacer ejercicio puede aumentar la claridad mental y la productividad general. El objetivo es encontrar algo que disfrutes y puedas seguir, lo que te ayudará a mantener la motivación. El ejercicio también puede ser una gran salida para liberar estrés y mejorar tu bienestar general.

Bebe agua

Beber suficiente agua a lo largo del día puede ayudar a mejorar la concentración y la claridad. La deshidratación puede dificultar la concentración, por lo que es esencial consumir suficiente agua a lo largo del día. Al menos dos litros al día es la regla de oro para mantenerse hidratado y concentrado. Una botella de agua en tu escritorio te ayudará a recordar que debes beber. Recuerda que las bebidas con cafeína deben consumirse con moderación y sólo en determinados momentos del día.

Practica la gratitud

Practicar la gratitud puede afectar significativamente a tu concentración y productividad. Concentrarte en los aspectos positivos de la vida te ayuda a mantener la motivación e intensificará tu sensación de logro. Escribe de 3 a 5 cosas por las que estés agradecido cada día y piensa por qué las aprecias. La gratitud puede ser una forma poderosa de mantener la concentración y la motivación.

Aunque mantenerte concentrado puede ser un reto en el ajetreado mundo actual, incorporar estos diez métodos a tu rutina diaria puede mejorar enormemente tu intención y concentración. Recuerda hacer descansos, practicar la atención plena y dar prioridad al sueño y al ejercicio. Con estos sencillos pero eficaces consejos, estarás en el buen camino para mejorar tu concentración y productividad.

Hay algo verdaderamente mágico en crear tu propio espacio sagrado angelical. Es donde puedes sentirte en paz, conectar con tu espiritualidad interior y encontrar consuelo en medio de un mundo ajetreado. Con unas sencillas herramientas y un poco de imaginación, puedes transformar cualquier espacio en un santuario sereno que te renovará y refrescará. Desde los cristales y las velas hasta la flacidez y la visualización, existen innumerables formas de potenciar la energía de tu espacio y atraer vibraciones positivas. Así que adelante, saca tu lado creativo; ¡tu espacio sagrado angelical te está esperando!

Capítulo 5: Meditación del Chakra Solar

El Chakra Solar y el Arcángel Uriel son dos poderosas fuerzas que pueden aportar equilibrio y energía positiva a tu vida. El Chakra Solar, también conocido como Chakra Manipura, está situado en la zona del estómago y está relacionado con la confianza, la autoestima y el poder personal. Al centrarse en este chakra, aprovecharás tu fuerza interior, y el resultado es que te sentirás capacitado para perseguir tus sueños. Por otro lado, el Arcángel Uriel es conocido como el ángel de la sabiduría y la iluminación. Puede ayudarte a obtener claridad y comprensión, y su presencia puede aportar una sensación de calma y tranquilidad a tu vida.

Al combinar el poder del chakra solar y el Arcángel Uriel, puedes liberar una cantidad asombrosa de potencial y alcanzar mayores niveles de éxito y felicidad. Este capítulo se centra en la historia y la etimología de los chakras, en cómo identificar desequilibrios en el chakra del plexo solar y en meditaciones paso a paso para activar y equilibrar el chakra del plexo solar bajo la guía del Arcángel Uriel. También aprenderás lo que se puede conseguir activando este chakra y cómo el Arcángel Uriel puede ayudar en el proceso.

El místico mundo de los chakras

Símbolos de los chakras[5]

¿Te has preguntado alguna vez cuál es el origen de los chakras? ¿Qué significan estos centros de energía y de dónde provienen? Todos estamos familiarizados con la palabra de moda "chakra", pero ¿comprendemos realmente la profundidad de su significado? En esta sección, nos sumergiremos histórica y etimológicamente en el místico mundo de los chakras, lo que nos permitirá comprender en profundidad estos sistemas energéticos fundamentales.

La palabra "chakra" tiene su origen en la lengua sánscrita, que significa "rueda" o "disco". La primera mención de los chakras se remonta al año 1500 a. C., cuando el antiguo texto hindú Vedas describe los chakras como una serie de puntos energéticos, también conocidos como Padma, que significa flor de loto. Estos puntos energéticos eran considerados vitales para el correcto flujo de energía dentro del cuerpo humano.

Según las tradiciones budistas e hindúes, que se remontan al año 600 a. C., los siete chakras primarios se alinean con la columna vertebral humana y se extienden desde la base hasta la coronilla. Los siete chakras representan distintos aspectos de la vida humana, como la espiritualidad, la creatividad, el poder personal, la autoexpresión, el amor, la comunicación y la intuición.

El concepto de los chakras llegó al mundo occidental en el siglo XIX a través de la Sociedad Teosófica y se extendió por todo el mundo a través de profesores de yoga, místicos, eruditos y maestros espirituales. Estos antiguos centros de energía fueron mencionados en profundidad por primera vez en los escritos del renombrado psicoanalista Carl Jung, donde valoraba la importancia de acceder a la mente subconsciente y a la transformación personal a través del chakra.

Varios países consideran los chakras esenciales para sus valores culturales y espirituales. El reiki japonés, por ejemplo, consiste en tratar y eliminar los bloqueos espirituales y físicos de los chakras mediante modalidades de curación energética. Incluso la medicina tradicional china tiene su sistema de centros energéticos, conocidos como meridianos.

En los últimos tiempos, el significado de los chakras ha ganado una inmensa popularidad entre los buscadores espirituales occidentales, que a menudo los asocian con frecuencias vibratorias, colores y vibraciones sonoras. Cada chakra posee su propio elemento, frecuencia y color únicos para equilibrar el sistema de chakras.

La comprensión de los chakras ha evolucionado a lo largo de los siglos, y nuestro conocimiento de su poder sigue evolucionando a medida que aprendemos más sobre ellos. Conocer el trasfondo histórico y etimológico de los chakras nos ayuda a comprender la importancia de los centros de energía dentro de nuestro cuerpo y cómo pueden influir en nuestro bienestar. A medida que aprendemos y profundizamos en el conocimiento de estos centros energéticos, podemos alinear mejor nuestro cuerpo, mente y espíritu para vivir una vida plena y equilibrada.

El poder de los chakras y sus asociaciones angélicas

En el mundo de la espiritualidad y la metafísica, no hay concepto más significativo que el de los chakras. Son las ruedas de energía que conectan nuestro cuerpo físico y nuestra conciencia. Se dice que son los centros de nuestro bienestar emocional y espiritual y ayudan a equilibrar nuestros flujos de energía, que afectan a nuestra salud emocional. Esta sección tratará sobre los atributos y las conexiones físicas de cada chakra, incluidas sus asociaciones angélicas. ¿Estás preparado para liberar el poder de tus chakras y alcanzar el equilibrio espiritual? Continúa leyendo para obtener más información.

1. El chakra raíz, o *Muladhara*, es el primer chakra situado en la base de la columna vertebral. El color asociado a este chakra es el rojo, y sus atributos son la conexión a tierra, la estabilidad y la seguridad. El Arcángel Miguel es la asociación angélica del chakra raíz, conocido por sus cualidades protectoras. Para equilibrar este chakra se recomiendan actividades físicas como el yoga, caminar o la jardinería.

2. El chakra sacro, o *Swadhisthana*, está situado debajo del ombligo y se asocia con el color naranja. Este chakra es responsable de

nuestra energía sexual, creatividad y pasión. El Arcángel Gabriel es la asociación angélica del chakra sacro. Es conocido por su gran creatividad e inspiración. Equilibra este chakra con actividades como el baile, la pintura o cualquier otra salida creativa que resuene contigo.

3. El chakra del plexo solar, o *Manipura*, está situado detrás del ombligo y se asocia con el color amarillo. Este chakra es responsable de nuestro poder personal, confianza y autoestima. El Arcángel Uriel es la asociación angélica del chakra del plexo solar, conocido por aportar claridad y propósito a nuestras vidas. Para equilibrar este chakra, practica actividades de autocuidado como escribir un diario, meditar o hacer afirmaciones.

4. El chakra del corazón, *Anahata*, está situado en el centro del pecho y se asocia con el color verde. Este chakra es responsable de nuestro amor, compasión y perdón. El Arcángel Chamuel es la asociación angélica del chakra del Corazón, conocido por sus propiedades curativas. Para equilibrar este chakra, pasa tiempo en la naturaleza, practica la gratitud y muestra bondad contigo mismo y con los demás.

5. El chakra de la garganta, *Vishuddha*, está situado en la base del cuello y se asocia con el color azul. Este chakra es responsable de la comunicación, la autoexpresión y la autenticidad. El Arcángel Gabriel es la asociación angélica del chakra de la garganta, conocido por su capacidad para aportar claridad y verdad. Para equilibrar este chakra, practica el canto, la oratoria o cualquier otra forma de autoexpresión que hable a tu alma.

El poder de los chakras y sus asociaciones angélicas puede cambiarnos la vida. Al reconocer y comprender los atributos y las conexiones físicas de cada chakra, podemos aprovechar nuestra energía espiritual y liberar todo nuestro potencial. Tómate un tiempo para explorar cada chakra y probar diferentes actividades que resuenen contigo. Nunca se sabe, ¡puede que encuentres la clave para abrir tu paz interior y encontrar tu propósito!

El arcángel Uriel y el chakra del plexo solar

¿Te has preguntado alguna vez sobre la conexión entre los Arcángeles y nuestros chakras? Nuestros chakras son los centros de energía de nuestro cuerpo relacionados con nuestro bienestar físico, emocional y espiritual. Los Arcángeles son seres celestiales que nos guían hacia una vida llena de positividad y amor. En esta sección, exploraremos la conexión entre el Arcángel Uriel y el chakra del plexo solar, el tercer chakra situado en la parte superior del abdomen.

El arcángel Uriel es conocido como el ángel de la sabiduría y la iluminación, y a menudo se lo representa asociado con el poder del sol. Encarna las cualidades de confianza, valor y autoestima. El chakra del plexo solar representa nuestro poder personal, la confianza y la autoestima. Cuando estas dos entidades se unen, crean una poderosa fuerza que puede ayudarnos a alcanzar nuestros objetivos y a llevar una vida llena de confianza en nosotros mismos.

El chakra del plexo solar está asociado al elemento fuego, que significa transformación y cambio. Cuando abrimos este chakra, dejamos ir viejos patrones y creencias y le damos la bienvenida a nuevas ideas y posibilidades que nos conducen a nuestro mayor propósito. El arcángel Uriel puede ayudarnos en este proceso de cambio y transformación guiándonos hacia nuestra sabiduría interior e iluminando nuestro camino.

Si sientes que tu autoestima se ha visto sacudida y que tu confianza ha recibido un golpe, podría indicar un chakra del plexo solar bloqueado. El arcángel Uriel puede ayudarte a desbloquear el chakra y darte fuerzas para seguir adelante. Invocando su presencia y repitiendo afirmaciones como "Confío en mi poder", podemos conectarnos con la energía del ángel y sanarnos.

Además, el arcángel Uriel también puede ayudarnos a superar la ansiedad y el estrés asociados a menudo con un chakra del plexo solar desequilibrado. Visualizando una luz dorada que nos rodea y concentrándonos en nuestra respiración, podemos invitar al arcángel Uriel a que nos llene con su luz, lo que ayuda a equilibrar nuestro chakra y a calmar nuestros nervios.

La conexión entre el Arcángel Uriel y el chakra del plexo solar puede ayudarnos a fortalecer nuestro sentido de la autoestima y a llevar una vida llena de propósito y positividad. Incluyendo prácticas sencillas en nuestra rutina diaria, podemos conectarnos con el sano espíritu del arcángel Uriel y permitirnos recibir su guía divina. Tómate un momento para conectar con tu chakra del plexo solar, sentir la presencia del Arcángel Uriel y dejar que te guíe hacia tu mayor potencial.

Identificar de desequilibrios en el chakra del plexo solar

¿Alguna vez te has sentido estancado, incapaz de avanzar en la vida? ¿Te cuesta tomar decisiones, te falta confianza en ti mismo o tienes problemas digestivos? Estos pueden ser signos de que tu chakra del plexo solar, que rige el poder personal y la autoestima, está desequilibrado. Esta sección tratará sobre la identificación del desequilibrio en este chakra y la exploración de formas de restablecer la armonía.

- Cuando está equilibrado, el chakra del plexo solar nos ayuda a confiar en nuestras capacidades, a tomar decisiones con facilidad y a tener un sentido de propósito. Sin embargo, cuando está desequilibrado, puede provocar falta de dirección, energía y autoestima, entre otras cosas.

- Uno de los signos más comunes de un chakra del plexo solar desequilibrado es un problema digestivo relacionado con el estómago y el páncreas. Esto puede manifestarse como estreñimiento, diarrea, reflujo ácido o indigestión y falta de apetito. Además, puedes experimentar síntomas físicos como úlceras, infecciones y problemas hepáticos o renales.

- Otro signo de un chakra del plexo solar desequilibrado es la falta de confianza en uno mismo. Es posible que dudes de tus capacidades o que te sientas como un impostor. Esta falta de confianza puede impedirte asumir riesgos, alcanzar tus objetivos y perseguir tus sueños. También es posible que busques la validación de los demás en lugar de confiar en tu propio juicio.

- La toma de decisiones también puede resultar difícil cuando este chakra está desequilibrado. Es posible que te cueste tomar incluso pequeñas decisiones, como qué cenar o qué película ver. Esta indecisión puede provocar parálisis por análisis e impedirte actuar para alcanzar tus objetivos.

- El aumento de los niveles de estrés y ansiedad también puede indicar un chakra del plexo solar desequilibrado. Cuando este chakra está hiperactivo, puede provocar una sensación constante de estrés o ansiedad, que puede manifestarse con síntomas físicos como dolores de cabeza y tensión muscular.

Identificar los desequilibrios en el chakra del plexo solar puede ayudarte a comprender por qué puedes estar experimentando ciertos síntomas físicos o emocionales. Una vez reconocidos estos desequilibrios, podrás tomar medidas para restablecer el equilibrio. Algunas formas de hacerlo son practicar yoga o meditación, seguir una dieta equilibrada, realizar actividad física y marcarse límites. Recuerda que restablecer el equilibrio lleva tiempo y paciencia, así que sé amable contigo mismo al iniciar este viaje. La dedicación y la práctica pueden devolver la armonía y la paz al chakra del plexo solar, ayudándote a vivir tu mejor vida.

Meditaciones paso a paso para activar y equilibrar el chakra del plexo solar

¿Sueles sentirte abrumado, ansioso o inseguro? Estos son síntomas comunes de un chakra del plexo solar bloqueado, el centro de energía situado en la parte superior del abdomen. Este chakra puede ayudarte a sentirte seguro, con poder y en paz contigo mismo cuando está activado y equilibrado. Puedes sanar este chakra y, una vez más, el bienestar general a través de la meditación. En esta sección, te guiaremos a través de meditaciones paso a paso para ayudarte a activar y equilibrar tu chakra del plexo solar para lograr la paz interior.

Meditación de respiración

La meditación puede empezar con una sencilla técnica llamada meditación respiratoria. Te ayuda a ser más consciente de tu respiración y a controlar tus pensamientos. Siéntate en un lugar cómodo, cierra los ojos y respira profundamente. Observa mentalmente tu respiración y centra tu mente en las sensaciones. Deja que cualquier pensamiento que surja se desvanezca tranquilamente. Tómate este tiempo para estar atento y conectar con tu respiración.

Meditación de visualización del plexo solar

Visualiza un sol amarillo brillante descansando dentro de tu chakra del plexo solar. Cierra los ojos y centra tu atención en esa zona. Imagina un brillante rayo de luz solar que fluye desde el sol de tu chakra y se extiende por todo tu cuerpo. Permite que la luz transforme cualquier emoción negativa en positiva, como la confianza en ti mismo, la valentía y el empoderamiento. Es vital que permanezcas concentrado en esta visualización durante unos minutos o hasta que sientas que tu chakra del plexo solar se ha llenado de energía.

Meditación con cánticos

Este chakra también está asociado con el sonido de "Ram". Canta este sonido repetidamente mientras respiras profundamente. Mientras lo cantas, imagina que la vibración se mueve a través de tu plexo solar y se extiende por todo tu cuerpo. Deja que el sonido te llene de confianza y fuerza interior. A medida que cantes, tu chakra del plexo solar estará más equilibrado.

Meditación con afirmaciones

Repite afirmaciones positivas que se alineen con las cualidades del chakra del plexo solar. Di cosas como "Tengo confianza en mí mismo, soy digno, soy poderoso". Siente cómo la energía de las afirmaciones se extiende por tu cuerpo, llenándote de energía positiva. Di cada frase con confianza y seguridad hasta que sientas que tu chakra del plexo solar se activa.

Meditación con yoga

El yoga es una excelente forma de equilibrar todos los chakras del cuerpo, incluido el chakra del plexo solar. Incorpora posturas de yoga como la Postura del Barco, Guerrero 1 y Surya Namaskar, que se centran en fortalecer el tronco, crear espacio en la región del plexo solar y activar el flujo de energía hacia el chakra.

La meditación es una forma holística de equilibrar, curar y activar los chakras del cuerpo. Cuando te concentras en el chakra del plexo solar, puedes encontrar paz y confianza en ti mismo. Utiliza estas meditaciones paso a paso para activar y equilibrar tu chakra del plexo solar y así fomentar el bienestar general. A medida que sigas practicando estas meditaciones con regularidad, notarás cambios positivos en tu cuerpo, mente y alma. ¡Alégrate en este viaje de curación y búsqueda de la paz interior!

Aprovecha el poder de tu chakra del plexo solar

El cuerpo humano es un complejo sistema de centros energéticos conocidos como chakras que desempeñan un papel vital en nuestro bienestar físico, emocional y espiritual. El chakra del plexo solar o Chakra Manipura es considerado el centro de tu poder personal y autoestima. Este chakra gobierna la fuerza de voluntad, la confianza y la capacidad de tomar decisiones. Se dice que cuando el chakra del plexo solar está equilibrado, te sentirás confiado, centrado y seguro de ti mismo. Esta sección explorará los beneficios de activar el chakra del plexo solar y cómo puede conducir al éxito y la abundancia.

- **Mayor confianza y fuerza de voluntad:** Cuando tu chakra del plexo solar esté equilibrado, sentirás una sensación de confianza y poder personal. Tendrás fuerza de voluntad para alcanzar tus objetivos y confianza para cumplirlos. Esto te ayudará a tomar mejores decisiones y a vivir una vida más plena.
- **Mejora de la digestión y el metabolismo:** El chakra del plexo solar está asociado con el sistema digestivo, y cuando está equilibrado, puede mejorar tu digestión y metabolismo. Asimilarás mejor los nutrientes y tendrás un intestino más sano, lo que mejorará tu salud en general.
- **Éxito personal y profesional:** La activación de tu chakra del plexo solar puede conducirte al éxito personal y profesional. Podrás tomar las riendas de tu vida, tomar decisiones más claras y actuar para alcanzar tus objetivos. Esto conducirá a una sensación de logro, mayor productividad y una sensación general de éxito.
- **Liberación de la ira y curación emocional:** Cuando el chakra del plexo solar está equilibrado, ayuda a liberar emociones negativas como la ira, el resentimiento y la frustración. Esto despeja el camino para la curación emocional y puede tener un profundo impacto en tu vida. Te sentirás más tranquilo, feliz y equilibrado.
- **Mejora de la autoestima:** Uno de los principales beneficios de la activación de tu chakra del plexo solar es la mejora de la autoestima. Cuando tu chakra está equilibrado, tendrás una fuerte conexión con tu ser interior, lo que conduce a una mejor autoconciencia, autoaceptación y una mayor autoestima.

El chakra del plexo solar es un poderoso centro de energía que puede influir profundamente en tu bienestar físico, emocional y espiritual. Al activar este chakra, podrás aprovechar tu poder y alcanzar el éxito y la abundancia en todos los ámbitos de tu vida. Desarrollar una práctica diaria que incluya meditación, afirmaciones y yoga puede ayudar a equilibrar el chakra del plexo solar y mejorar la confianza, la autoestima y el crecimiento personal. Así que adelante, ¡aprovecha hoy mismo el poder de tu chakra del plexo solar!

Cómo puede ayudar el arcángel Uriel a activar el Chakra Solar

El arcángel Uriel es el ayudante perfecto para activar tu chakra solar. Como uno de los siete arcángeles, Uriel es conocido por su increíble capacidad para encender una sensación de paz e iluminación en aquellos que buscan su ayuda. En lo que respecta a tu Chakra Solar, la poderosa energía de Uriel puede ayudarte a aprovechar tu sabiduría interior y tu confianza. Con su guía, podrás aprovechar el poder del sol que reside dentro de ti, liberando todo tu potencial y tu resplandor interior. Deja que el arcángel Uriel sea tu luz guía ¡y observa cómo tu chakra solar brilla más que nunca!

Además de conectar con el Arcángel Uriel, hay otras cosas que puedes hacer para activar tu chakra solar. Comer alimentos amarillos como plátanos, piñas y calabaza puede ayudar a estimular este chakra. Practicar posturas de yoga como el guerrero o el saludo al sol también puede ayudar. Además, pasar tiempo en la naturaleza, especialmente al sol, puede potenciar este centro de energía.

La conexión con el arcángel Uriel puede ser una forma poderosa de activar el chakra solar y lograr una mayor armonía y equilibrio. A medida que trabajes con las energías del Arcángel Uriel y te centres en la activación del chakra solar, puede que descubras que tienes más energía, motivación y creatividad. La activación de este chakra requiere tiempo y esfuerzo, *así que ten paciencia contigo mismo y continúa con tu práctica.* Con la guía del arcángel Uriel, podrás liberar tu verdadero potencial y vivir una vida más plena.

Capítulo 6: Meditación del fuego en la palma de la mano

Si te gusta la meditación, es probable que hayas probado varias técnicas para relajarte y despejar la mente. Pero ¿has oído hablar alguna vez de la meditación del fuego en la palma de la mano? Esta singular práctica puede ayudarte a liberar el estrés y las emociones negativas, haciéndote sentir más ligero y centrado. Dedicar sólo unos minutos al día a completar una sesión de meditación del fuego en la palma de la mano puede marcar la diferencia en tu bienestar emocional y espiritual. Al concentrarte en la respiración y estar presente en el momento, puedes entrar en el reino espiritual y recurrir a una gran fuente de energía positiva para curarte y tranquilizarte.

Esta sección ofrece una guía paso a paso para realizar la meditación del fuego en la palma de la mano. Al conectarte con el arcángel Uriel, puedes liberar cualquier energía negativa y lograr la curación emocional. Este capítulo explorará cómo encontrar un lugar tranquilo para meditar, establecer una intención, despejar la mente y practicar la meditación del fuego en la palma de la mano. También se estudiarán formas de llevar tu práctica más allá y maneras que te animarán a reflexionar sobre la experiencia. Cuando termines de leer, tendrás una firme comprensión del método del fuego en la palma de la mano y de cómo puede utilizarse para lograr la sanación emocional.

Preparación para la meditación del fuego en las palmas de la mano

La meditación puede reducir el estrés[6]

Muchas formas de meditación aportan relajación, concentración y paz interior a tu vida. La meditación del fuego en la palma de la mano es una antigua práctica que ha sido utilizada durante siglos para despejar la mente, reducir el estrés y mejorar el bienestar general. Para practicar eficazmente la meditación del fuego en la palma de la mano, debes seguir algunos pasos antes de empezar.

Definir tu intención

Una vez que hayas encontrado tu lugar tranquilo, tómate un tiempo para conectar con tu intención para la meditación del fuego en la palma de la mano. Puede ser una frase, una palabra o un sentimiento en el que quieras centrarte durante la meditación. Es útil escribirlo en un papel y tenerlo cerca para poder consultarlo si lo necesitas durante la meditación. Definir una intención te ayudará a mantener la concentración durante toda la práctica.

Despejar tu mente

Cuando te prepares para la meditación del fuego en la palma de la mano, es esencial que despejes tu mente de distracciones y desorden.

Puedes empezar respirando profundamente varias veces y concentrándote en la respiración. Intenta liberarte de cualquier pensamiento o sentimiento que pueda interferir en tu práctica. Visualízate a ti mismo liberando cualquier energía o emoción negativa permitiéndote estar rodeado de amor, luz y positividad.

Preparación del cuerpo

En la práctica de meditación del fuego en la palma de la mano, concéntrate en las palmas de la mano. Toca suavemente las palmas con las yemas de los dedos y visualiza una llama ardiendo brillantemente en el centro de la palma. La llama sirve como punto focal durante la meditación y, al inhalar, imagina que llevas la energía de la llama a tu cuerpo y, al exhalar, deja que te rodee y te proteja. También puedes hacer ejercicios físicos como estiramientos o yoga para preparar tu cuerpo para la meditación antes de practicar el fuego en la palma de la mano.

Compromiso con la constancia

Como con cualquier práctica de meditación, la constancia es clave en la práctica de la meditación del fuego en la palma de la mano. Esto significa comprometerte a practicar con regularidad, ya sea a diario, una vez a la semana o dos veces al mes. La frecuencia de tu práctica depende de ti, pero lo importante es mantener tu compromiso y constancia. Cuanto más practiques, más fácil te resultará y mayores serán los beneficios.

La meditación del fuego en la palma de la mano es una práctica dinámica que puede ayudarte a encontrar la paz, reducir el estrés y mejorar tu bienestar general. En esta sección hemos compartido algunos consejos útiles para prepararte para esta práctica de meditación. Recuerda que la clave es encontrar un lugar tranquilo, establecer tu intención, despejar tu mente y comprometerte a ser constante. Con una práctica regular, la meditación del fuego en la palma de la mano puede ayudarte a conectar con tu yo interior y con el arcángel Uriel y a encontrar una sensación de calma en tu vida cotidiana.

Practicar la meditación del fuego en la palma de la mano

Cuando se trata de la meditación de la palma de la mano, se trata de practicar el poder de la visualización. Es una forma única de meditación que te ayuda a centrar tu mente, aumentar tu intuición y conectar con tu yo interior. Esta sección te dará una guía paso a paso sobre cómo practicar la meditación del fuego en la palma de la mano.

Paso 1: Encontrar un lugar tranquilo

El primer paso para prepararte para el fuego en las palmas es encontrar un lugar tranquilo donde puedas estar solo y sin interrupciones. Puede ser una habitación de tu casa, un espacio al aire libre o una sala de meditación designada. Lo importante es encontrar un espacio tranquilo y silencioso donde puedas estar libre de distracciones. Asegúrate de estar sentado cómodamente y de que el entorno sea propicio para la meditación.

Paso 2: Respira hondo

Ahora que has encontrado un lugar tranquilo, siéntate cómodamente y respira hondo. Cierra los ojos y relaja el cuerpo. Inhala y exhala profundamente, dejando que tu cuerpo y tu mente se calmen. Observa cómo se ralentiza tu respiración a medida que te relajas. Observa cómo sube y baja el pecho al inhalar y exhalar. Respira profundamente unas cuantas veces más antes de continuar con la práctica.

Paso 3: Visualiza el fuego en las palmas de las manos

Una vez que hayas relajado el cuerpo y la mente, visualiza el fuego en las palmas de las manos. Imagina llamas ardiendo intensamente en el centro de ambas palmas y deja que el calor se extienda por todo el cuerpo. Visualiza el calor y el resplandor que emanan de las palmas de las manos e inspira profundamente, sintiendo cómo el calor se extiende por todo el cuerpo. Respira hondo varias veces más y deja que el calor envuelva todo tu cuerpo. Siente cómo el calor calma tu mente y relaja tus músculos.

Paso 4: Conéctate con el arcángel Uriel

A continuación, querrás conectarte con el arcángel Uriel. Está asociado con el elemento del fuego y puede ayudarte a conectar con tu yo interior. Reza una oración al Arcángel Uriel y pídele que te guíe en tu meditación. Puedes encender una vela o incienso y colocarlo ante ti para que te ayude a conectar más estrechamente con el arcángel. La oración puede ser tan sencilla o detallada como desees.

Paso 5: Repite y reflexiona

Continúa visualizando el fuego en las palmas de las manos y ponte en contacto con el arcángel Uriel durante el tiempo que desees. Tómate tu tiempo y disfruta del proceso. Cuando hayas terminado, tómate unos minutos para reflexionar sobre tu práctica. ¿Cómo te ha hecho sentir? ¿Recibiste alguna percepción o claridad nueva durante la meditación? Escribe tus pensamientos o sentimientos en un diario para ayudarte a reflexionar en futuras meditaciones.

Por último, respira hondo y abre lentamente los ojos. Deberías sentirte más relajado y en paz. La meditación del fuego en la palma de la mano es una práctica potente que puede ayudarte a encontrar la paz interior, reducir el estrés y mejorar tu bienestar general. Con la práctica regular, pronto serás capaz de experimentar la curación y la paz de la mente que viene con la conexión con el arcángel Uriel. Recuerda tomarte tu tiempo y sumergirte por completo en la experiencia. Desarrollarás una mayor intuición, claridad y concentración en tu vida diaria. Así que respira hondo, enciende el fuego en las palmas de las manos y ponte en contacto con el arcángel Uriel.

Luego de la meditación del fuego en la palma de la mano

Una vez terminada la meditación del fuego en la palma de la mano, tómate un tiempo para centrarte y poner los pies en la tierra. Puedes beber agua o salir a dar un paseo para volver a entrar en contacto con tu cuerpo. Hay otras cosas que debes recordar cuando salgas de la meditación. En esta sección exploraremos cómo la práctica de la meditación del fuego en la palma de la mano puede transformar tu vida de tres maneras.

Reflexión y gratitud

La meditación del fuego en la palma consiste en visualizar una llama, reflexionar sobre tus emociones y practicar la gratitud. Cuando visualizas la llama, también visualizas todas las cosas que ya no te sirven, como el estrés, las preocupaciones y los pensamientos negativos. A continuación, se te anima a liberar estas energías negativas y a traer positividad centrándote en las cosas por las que estás agradecido. Esta práctica te ayuda a desarrollar una mentalidad positiva y a conectar con tu yo interior, lo que puede conducirte a una vida más feliz y satisfactoria.

Liberar tus intenciones

Otro aspecto poderoso de la meditación del fuego en la palma de la mano es la capacidad de liberar tus intenciones y ofrecérselas al arcángel

Uriel. Mientras visualizas la llama, puedes centrarte en lo que deseas, ya sea crecimiento personal, relaciones o aspiraciones profesionales. Al liberar tus intenciones al universo, estás creando una energía positiva que atrae lo que deseas. Esto te permite manifestar tus deseos y alcanzar tus metas.

Sensación de poder

La meditación del fuego en la palma de la mano también puede hacerte sentir poderoso. A medida que visualizas la llama, también estás visualizando el poder que viene con ella, que reverberará dentro de ti. Esta práctica te ayuda a aprovechar tu fuerza interior y, junto con la ayuda de Uriel, te da el valor para enfrentarte a los retos y superar los obstáculos. Sentirte empoderado te hace más propenso a emprender acciones hacia lo que quieres en la vida y alcanzar el éxito.

En resumen, la meditación del fuego en la palma de la mano es una poderosa herramienta que puede transformar tu vida de varias maneras. Al practicar esta meditación, puedes reflexionar sobre tus emociones y practicar la gratitud, liberar tus intenciones y sentirte empoderado. Estos beneficios pueden conducir a una vida más feliz y satisfactoria. Así que, la próxima vez que te sientes a meditar, prueba la meditación del fuego en la palma de la mano y comprueba los cambios positivos que puede aportar a tu vida.

El arte de conectarse a tierra

En nuestras ajetreadas y aceleradas vidas, es fácil desconectarnos de lo que realmente importa. Pasamos tanto tiempo con la cabeza metida en pantallas o corriendo de una actividad a otra que nos olvidamos de bajar el ritmo y conectarnos con el mundo que nos rodea. Ahí es donde entra en juego la conexión con la tierra. Dedicar tiempo a estar quietos, respirar y conectar con la naturaleza puede ayudarnos a alinearnos con nuestro verdadero yo, ganar perspectiva y cultivar la paz mental. La conexión con la tierra es una práctica que se remonta a siglos atrás, pero es tan relevante en el mundo de hoy como lo ha sido siempre. Exploremos qué es la conexión a tierra, por qué es importante y cómo puedes cultivar tu práctica de conexión a tierra.

¿Qué es la conexión a tierra?

La conexión a tierra es una forma natural de reconectar con la tierra y el momento presente. Consiste en conectar de forma intencionada y consciente con el mundo físico que nos rodea, ya sea caminando descalzos sobre la hierba, dando un paseo por el bosque o simplemente sentándonos al aire libre y respirando el aire fresco. Esta práctica puede ayudarnos a sentirnos más centrados, más arraigados y conectados con nuestro entorno.

¿Por qué es importante la conexión a tierra?

La conexión a tierra puede beneficiarnos de muchas maneras, tanto física como mentalmente. Los estudios han demostrado que la práctica de la conexión a tierra puede reducir el estrés, mejorar la calidad del sueño y estimular la función inmunitaria. También puede ayudarnos a sentirnos más agradecidos, alegres y presentes cada día. Además, es una práctica sencilla y accesible que cualquiera puede realizar sin necesidad de equipos especiales ni formación.

Al invocar al arcángel Uriel durante la meditación del fuego en la palma de la mano, la conexión a tierra es importante porque ayuda a crear un espacio seguro y sagrado para ti. Una presencia conectada a tierra asegurará que estés abierto y receptivo a las energías curativas del Arcángel Uriel. Cuanto más conectado a tierra estés, más fácil será para él enviarte su amor y su luz sanadora.

Cultivar la práctica de la conexión a tierra

La clave de la conexión a tierra es crear una conexión intencionada y consciente con el mundo físico que te rodea. La buena noticia es que hay muchas formas de conectarte a tierra y puedes experimentar hasta encontrar la que mejor te funcione. Algunas prácticas populares de conexión a tierra son:

- Caminar descalzo sobre hierba, arena o tierra.
- Abrazar un árbol y sentir su energía
- Escuchar los sonidos de la naturaleza: pájaros, agua, viento, etc.
- Sentarte o acostarte en el suelo y sentir su apoyo.
- Practicar la meditación de atención plena y concentrarse en la respiración.

Sea cual sea la práctica que elijas, intenta convertirla en un hábito o ritual regular. Dedica un tiempo al día o a la semana a conectar con la naturaleza y contigo mismo. Recuerda que la conexión con la tierra es una práctica y que puede llevar tiempo y esfuerzo encontrar lo que funciona para ti, pero la recompensa vale la pena.

Beneficios de la práctica regular de la conexión a tierra

Aunque la práctica de la conexión con la tierra puede ser beneficiosa a corto plazo, su potencial es aún mayor cuando se practica con regularidad y a lo largo del tiempo. Conectar regularmente con la naturaleza puede aportar una sensación de bienestar y paz a nuestras vidas, lo que puede tener un efecto dominó en todos los aspectos de la vida. A medida que nos conectamos con la tierra más a menudo, somos más conscientes de lo que nos rodea y estamos más en sintonía con nosotros mismos. Podemos experimentar un aumento de la energía, una mejora del humor y una mayor claridad de pensamiento. Además, la conexión a tierra puede ayudarnos a controlar mejor nuestros niveles de estrés y a cultivar relaciones afectuosas con nosotros mismos y con los demás.

- **Reduce el estrés y la ansiedad:** Al conectar regularmente con la naturaleza, podemos sintonizar mejor con nosotros mismos y con nuestro entorno. Esto nos ayuda a controlar el estrés de forma saludable y a reducir los sentimientos de ansiedad.

- **Mejora la calidad del sueño:** Las pausas regulares para conectarnos con la tierra pueden ayudarnos a sentirnos más relajados antes de acostarnos, lo que se traduce en una mejor calidad del sueño.

- **Mejora de la función inmunitaria:** Los estudios han demostrado que la conexión a tierra puede ayudar a estimular nuestro sistema inmunológico y reducir la inflamación en el cuerpo.

- **Mayor atención y presencia:** La práctica regular de la conexión a tierra nos hace más conscientes de nuestros pensamientos y sentimientos. Esto hace que sea más fácil estar presente en el momento y apreciar la belleza de nuestro entorno.

- **Mejora los sentimientos de gratitud y alegría:** La conexión a tierra puede ayudarnos a reconocer y apreciar las pequeñas cosas, lo que puede aportar más alegría a nuestras vidas.

- **Conexión con la naturaleza y la comunidad:** Al conectarnos a tierra más a menudo, nos abrimos a la belleza y la energía de la naturaleza que nos rodea. Esto puede reforzar la conexión con nosotros mismos, con nuestro entorno y con las personas que nos rodean.

Conectarte a tierra con regularidad crea una mayor sensación de paz, quietud y conexión en tu vida. Te sentirás más centrado independientemente de los retos que se te presenten. Además, apreciarás la belleza y las maravillas del mundo que te rodea.

La conexión a tierra es una práctica poderosa que nos reconecta con nosotros mismos, con nuestro entorno y con el momento presente. Si te sientes estresado, ansioso o simplemente buscas una mayor sensación de paz y tranquilidad, la conexión a tierra puede ser una herramienta valiosa. Tómate un tiempo cada día para conectar con la naturaleza, respirar hondo y sentir los pies en la tierra. Te sorprenderá la diferencia que puede suponer para tu bienestar general.

Profundizar en la meditación del fuego en la palma de la mano

La meditación del fuego en la palma de la mano tiene sus raíces en el budismo y el taoísmo. Es una práctica sencilla pero potente, accesible a cualquiera que desee conectar con su yo interior y despertar su conciencia espiritual. Esta meditación es especialmente beneficiosa para las personas que están pasando por un momento estresante en sus vidas y quieren encontrar la paz interior y la claridad. Si has estado practicando la meditación del fuego en la palma de la mano durante un tiempo y quieres llevar tu práctica al siguiente nivel, crear un mantra poderoso es una forma de hacerlo. Esta sección explorará cómo crear un mantra y cómo llevar tu práctica de la meditación del fuego en la palma de la mano más allá, practicando con otros y haciendo crecer tu práctica espiritual.

Crear un Mantra

Un mantra es una palabra o frase que se repite durante la meditación para centrar la mente y ayudarte a alcanzar un estado de paz interior y relajación, conectarte con tu subconsciente y desbloquear tu potencial espiritual. Para crear tu mantra, empieza por reflexionar sobre tus intenciones y objetivos para tu práctica de meditación. ¿Qué quieres conseguir? ¿Qué cualidades quieres cultivar en ti? Una vez que percibas claramente tus intenciones, elige una palabra o frase que encarne estas cualidades. Algunos ejemplos de mantras poderosos son "Yo soy la paz", "Yo soy el amor", "Yo soy la fuerza", "Yo soy agradecido" y "Yo soy ilimitado". Repite tu mantra durante la meditación y observa cómo afecta a tu estado de ánimo y a tu experiencia general.

Practicar con otros

Aunque la meditación del fuego en la palma de la mano suele practicarse en solitario, practicar con otras personas tiene sus ventajas. Cuando practicas con otras personas, puedes crear una comunidad de apoyo formada por individuos con ideas afines que comparten tus objetivos y aspiraciones. También puedes aprender unos de otros y profundizar juntos en tu práctica espiritual. Para encontrar una comunidad de practicantes de meditación del fuego en la palma de la mano, busca grupos locales de meditación en tu zona o únete a comunidades online. También puedes organizar tu grupo invitando a amigos, familiares o compañeros a meditar contigo. Establece un horario regular para las sesiones de meditación en grupo y experimenta con distintas técnicas de meditación, como meditaciones guiadas, meditaciones con mantras y meditaciones de visualización.

Hacer crecer tu práctica espiritual

La meditación del fuego en la palma de la mano es sólo una de las muchas prácticas espirituales que pueden ayudarte a conectarte con tu yo interior y a despertar tu potencial espiritual. Para llevar tu práctica espiritual más allá, considera explorar otras prácticas como el yoga, la atención plena, el tai chi o el qigong. Estas prácticas pueden complementar tu práctica de la meditación y ayudarte a cultivar un sentido más profundo del equilibrio, la armonía y el bienestar. También puedes explorar distintos aspectos de tu espiritualidad, como explorar distintas religiones, aprender sobre la sanación energética o conectar con la naturaleza. Recuerda que la espiritualidad es un viaje personal único para cada persona. Escucha tu intuición, sigue a tu corazón mientras exploras nuevos caminos y profundizas en la conexión con tu yo interior.

La meditación del fuego en la palma de la mano es una práctica poderosa que puede ayudarte a conectar con tu yo interior y a despertar tu conciencia espiritual. Creando un mantra poderoso, practicando con otros y explorando otras prácticas espirituales, puedes llevar tu práctica de meditación del fuego en la palma de la mano al siguiente nivel y profundizar en tu práctica espiritual general. Recuerda que no existe un enfoque único en lo que respecta a la espiritualidad. Escucha tu intuición y sigue a tu corazón mientras descubres nuevas formas de conectar con tu interior y con el mundo que te rodea.

Capítulo 7: Trabajo con los sueños

¿Estás preparado para acceder a la guía del arcángel Uriel a través de tus sueños? El trabajo con los sueños es una poderosa herramienta para comunicarse con los ángeles y, con algo de intención y práctica, puedes aprender a conectarte con el arcángel Uriel mientras duermes. El arcángel Uriel puede ayudarte, tanto si buscas información sobre un tema concreto como si quieres profundizar en tu despertar espiritual. La noche puede ser un poderoso terreno para la guía y el crecimiento, así que permítete relajarte y deja que la sabiduría del arcángel Uriel te guíe.

Los sueños pueden ayudarte a conectar con Uriel'

Este capítulo te introducirá en el concepto del trabajo con los sueños, te ofrecerá ejercicios paso a paso para conectarte con el arcángel Uriel en tus sueños y te sugerirá algunos consejos para crear el mejor entorno posible para sacar el máximo partido a tu trabajo con los sueños. El propósito es ayudarte a acceder a la energía amorosa y sanadora del arcángel Uriel, convirtiendo tu tiempo de sueño en un poderoso aliado para crear la vida de tus sueños. Al final de este capítulo, dispondrás de herramientas y técnicas prácticas para aprovechar al máximo tu tiempo de sueño.

Definición del trabajo con sueños

¿Alguna vez te has despertado de un sueño sintiendo que intentaba decirte algo? Los sueños han fascinado a los seres humanos durante siglos, y el trabajo con sueños se ha utilizado como herramienta de autoexploración, curación y resolución de problemas durante años. Pero ¿qué es el trabajo con los sueños y cómo puede ayudarnos? Para ayudarte a comprender el poder del trabajo con los sueños, esta sección lo define, explora sus beneficios y expone algunas técnicas para empezar a trabajar con tus sueños.

¿Qué es el trabajo con los sueños?

El trabajo con los sueños es el proceso de analizar e interpretar los sueños para obtener una comprensión más profunda de uno mismo y de las propias emociones. A través del trabajo con los sueños, podemos desvelar los significados y símbolos ocultos de nuestros sueños para ayudarnos a superar los retos de la vida. Tanto si crees que los sueños son una ventana a nuestro subconsciente como si simplemente son un reflejo de nuestras experiencias cotidianas, es innegable el poder del trabajo con los sueños para ayudarnos a vivir mejor. En esencia, consiste en analizar y comprender los mensajes que contienen nuestros sueños. Estos mensajes pueden darnos una idea de nuestra mente subconsciente, nuestras emociones, nuestros deseos e incluso nuestra salud física. Se puede hacer solo, pero suele ser más eficaz con la ayuda de un terapeuta o un facilitador de sueños capacitado.

Beneficios del trabajo con los sueños

¿Por qué es tan beneficioso el trabajo con los sueños? Para empezar, los sueños pueden reflejar lo que estamos viviendo en nuestra vida de conciencia. Analizando los patrones y temas de nuestros sueños, podemos comprender mejor nuestro interior y los retos a los que nos enfrentamos. Los sueños también pueden ofrecer soluciones a problemas a los que no habríamos podido acceder de otro modo. Éstos son algunos de los beneficios del trabajo con los sueños:

- Conocer mejor el subconsciente y las emociones.
- Comprender los temas recurrentes en los sueños
- Recibir soluciones creativas a los problemas
- Conectar con el reino espiritual
- Sanar y superar traumas

Al principio, el trabajo con los sueños puede parecer intimidante y complicado, pero puede ser una poderosa herramienta para el autodescubrimiento y la curación. No hay una forma correcta o incorrecta de abordar el trabajo con los sueños, se basa en tus sueños, por lo que es un viaje personal que puedes adaptar a tus propias necesidades y preferencias. Tanto si decides trabajar con un terapeuta como explorar el trabajo onírico por tu cuenta, escuchar tus sueños puede aportar un nuevo nivel de autoconocimiento y conciencia a tu vida. Así que, la próxima vez que te despiertes de un sueño sintiendo que intenta decirte algo, no lo ignores. Tómate tu tiempo para explorar su significado y ver adónde puede llevarte.

Técnicas de trabajo con los sueños

Algunas personas creen que sus sueños pueden darles una idea de sus pensamientos y emociones subconscientes, mientras que otras ven en los sueños una fuente de inspiración creativa. Las técnicas de trabajo con sueños ayudan a las personas a explorar y comprender sus sueños, aprovechando el poder de su mente subconsciente. En esta sección se analizan algunas de las técnicas de trabajo con los sueños más populares y cómo pueden ayudarte a descubrir al soñador que llevas dentro.

Diario de sueños

Llevar un diario de sueños es una de las formas más eficaces de mejorar el recuerdo y el análisis de los sueños. Escribir los sueños inmediatamente después de despertarte te ayuda a retener más detalles y a recordarlos con más viveza. También puedes utilizar tu diario de sueños para reflexionar sobre temas o símbolos recurrentes en tus sueños, lo que te dará una idea clara de lo que ocurre en tu subconsciente.

Sueño lúcido

El sueño lúcido es un estado en el que eres consciente de que estás soñando, lo que te permite controlar y manipular el sueño. Con la práctica, puedes aprender a inducir sueños lúcidos y utilizarlos para explorar tu mundo interior. Los sueños lúcidos también pueden ayudarte a superar miedos o ansiedades enfrentándote a ellos en un entorno controlado.

Imaginería onírica

La imaginería onírica es una técnica que consiste en visualizar símbolos oníricos y reimaginarlos para obtener un mayor conocimiento de uno mismo. Al revisar un sueño y alterar ciertos elementos, puedes descubrir pensamientos y emociones ocultos que tu subconsciente está intentando comunicarte. Las imágenes oníricas son especialmente útiles para resolver problemas emocionales o traumas.

Imaginación activa

La imaginación activa es un método que utiliza la meditación guiada o la visualización para explorar el inconsciente. En esta práctica, permite a la mente vagar libremente y seguir las imágenes y pensamientos que surgen. La imaginación activa te anima a abrazar la espontaneidad y dejar ir el pensamiento analítico, promoviendo un enfoque más intuitivo y creativo para explorar tus sueños.

Trabajo con sueños en grupo

El trabajo con sueños en grupo consiste en compartir los sueños con otras personas e intercambiar información e interpretaciones. Al escuchar diferentes perspectivas sobre tus sueños, podrás comprender mejor su significado y conectar con otras personas que comparten tus intereses. El trabajo con sueños en grupo también puede ofrecer un entorno seguro y de apoyo para procesar emociones o experiencias complejas.

Las técnicas de trabajo con sueños son herramientas valiosas para cualquier persona interesada en explorar su subconsciente y explotar su creatividad interior. Llevando un diario de sueños, practicando los sueños lúcidos, utilizando las imágenes oníricas o la imaginación activa, y participando en el trabajo con sueños en grupo, puedes obtener nuevas percepciones de tu psique y comprenderte a ti mismo más profundamente.

Cómo los sueños conectan con la comunicación angélica

¿Alguna vez has tenido sueños que parecen tan reales que no puedes deshacerte de ellos cuando te despiertas? ¿Sueños que te hacen sentir que hay algo más en ellos que un mero reflejo de tus pensamientos? ¿Sueños que te conectan con un poder superior? Estos sueños podrían ser una forma de comunicarte con los ángeles. Esta sección explorará la conexión entre tus sueños y la comunicación angélica y cómo puedes descifrar sus mensajes.

Los ángeles suelen comunicarse con nosotros a través de los sueños porque es la forma más natural de hacerlo. Son seres puros hechos de luz y energía, y no pueden comunicarse con nosotros a través del reino físico. Por otra parte, los sueños son una puerta de entrada al reino espiritual, donde residen los ángeles. Nuestras mentes están abiertas a recibir mensajes de lo divino cuando estamos dormidos, por lo que es una oportunidad ideal para que los ángeles se comuniquen con nosotros.

Cuando tengas un sueño relacionado con ángeles, presta atención a los detalles del sueño. Fíjate en los mensajes y símbolos que aparecen. Pueden ser mensajes literales de un ángel o tener un significado oculto que sólo tú puedes descifrar. Los ángeles suelen utilizar símbolos como plumas, arco iris y números para comunicarse con nosotros, así que presta atención a estos detalles en tus sueños.

Tu intuición es una poderosa herramienta para descifrar tus sueños. Los ángeles utilizan a menudo la intuición para comunicarse contigo. Sentir una sensación de paz y consuelo durante un sueño podría significar que un ángel se está acercando a ti. Del mismo modo, si tienes un sueño que te anima a explorar nuevas oportunidades, podría ser una forma de que los ángeles te guíen hacia una nueva dirección en la vida.

Una de las cosas clave que los ángeles quieren comunicarnos es que nunca estamos solos. Siempre están con nosotros, ofreciéndonos guía y apoyo cuando lo necesitamos. Los sueños pueden ser una forma de recordarnos este hecho. Si te sientes abrumado por los retos de la vida, pide orientación al reino angélico y presta atención a tus sueños. Puede que recibas un mensaje que te traiga paz y tranquilidad.

A la hora de descifrar tus sueños, no hay una forma correcta o incorrecta de hacerlo. Las experiencias de cada persona son únicas y depende de ti encontrar el significado que resuene contigo. Sin embargo, recuerda que los ángeles siempre están aquí para guiarnos y apoyarnos. Prestando atención a nuestros sueños y conectando con el reino angélico, podemos recibir la guía que necesitamos para alcanzar todo nuestro potencial.

Los sueños son una forma muy poderosa de comunicarse con el reino angélico. Los ángeles suelen utilizarlos porque es una forma natural de conectar con nosotros a nivel espiritual. Prestando atención a los mensajes y símbolos de nuestros sueños, podemos descifrar los mensajes ocultos de los ángeles. Nuestra intuición es una herramienta valiosa para descifrar nuestros sueños, y es importante confiar en nuestros instintos a la hora de entender los mensajes. Recuerda que los ángeles siempre están aquí para guiarnos y apoyarnos, y nuestros sueños pueden ser una forma de recibir sus mensajes.

Pasos para conectarte con el arcángel Uriel a través de los sueños

Hay muchas formas de conectar con el mundo espiritual, y el arcángel Uriel es uno de los ángeles más buscados. Una de las formas más poderosas de conectarte con él es a través de tus sueños. El mundo de los sueños, la puerta de entrada a nuestro subconsciente, puede utilizarse para comunicarse con el mundo espiritual, y esta sección explorará los pasos que puede seguir para conectar con el arcángel Uriel.

1. **Determina una intención:** El primer paso para conectarte con el Arcángel Uriel a través del trabajo con sueños es determinar tu intención. Antes de irte a la cama, tómate unos momentos para establecer tu intención simplemente rezando una oración o estableciendo una intención en tu mente. Esto te ayudará a ser más receptivo a su presencia en tus sueños.

2. **Utiliza afirmaciones:** Las afirmaciones son una forma poderosa de poner tu mente subconsciente en acción. Antes de acostarte, repite afirmaciones como: "Estoy abierto a conectar con el arcángel Uriel en mis sueños esta noche" o "Estoy preparado para recibir la guía del arcángel Uriel en mis sueños". Esto te ayudará a alinear tu mente con tus intenciones. Cuanto más frecuentemente utilices afirmaciones, más probable será que recibas la guía de Uriel en tus sueños.

3. **Practica la visualización:** La visualización es una poderosa herramienta que te ayudará a conectar con el arcángel Uriel. Antes de acostarte, cierra los ojos y visualiza al Arcángel Uriel de pie ante ti. Siente su presencia e invítalo a comunicarse contigo en tus sueños. Esto preparará el escenario para una poderosa experiencia onírica. Cuando empieces a dormirte, concéntrate en la visualización que has creado y relájate en su presencia.

4. **Lleva un diario de sueños:** En cuanto te despiertes, anota los sueños que recuerdes. Esto te ayudará a recordar tus sueños más vívidamente y te permitirá analizarlos más tarde. Cuando escribas tus sueños, incluye cualquier símbolo que te haya llamado la atención, ya que puede ser un mensaje del arcángel Uriel. Intenta escribir todos los detalles posibles sobre el sueño. Si sientes que falta algo importante, tómate unos momentos para meditar y permítete estar plenamente presente en el sueño.

5. **Interpreta tus sueños:** Después de anotar tus sueños, tómate un tiempo para interpretar su significado. Pregúntate qué significan los símbolos, cómo te hacen sentir y si hay algún mensaje en el sueño que el arcángel Uriel pueda estar intentando comunicarte. Las interpretaciones pueden variar de una persona a otra, por lo que es fundamental encontrar el significado que más resuene contigo. A algunas personas también les gusta consultar diccionarios de sueños para obtener orientación adicional.

6. **Sé paciente y perseverante:** Conectar con el arcángel Uriel a través de tus sueños puede requerir tiempo y práctica. Recuerda que no todos los sueños contienen un mensaje suyo, pero eso no significa que no esté intentando comunicarse contigo. Sé paciente y persistente en tus esfuerzos por conectar con él, y confía en que los mensajes te llegarán cuando sea el momento adecuado. Cuanto más confíes en ti mismo y en el proceso, más fácil te resultará recibir la guía del arcángel Uriel.

Conectar con el Arcángel Uriel a través de tus sueños es una forma poderosa de recibir mensajes y guía. Estableciendo firmemente tu intención, llevando un diario de sueños, practicando la visualización, utilizando afirmaciones y siendo paciente y persistente, puedes abrir la puerta a una comunicación significativa con el arcángel Uriel. Recuerda que conectar con el mundo espiritual requiere tiempo y práctica, así que no dejes de hacerlo y te sorprenderán los mensajes y la inspiración que te llegarán a través de tus sueños.

Utilizar un diario de sueños

Los sueños pueden revelar nuestros miedos, deseos y pensamientos más profundos de los que ni siquiera somos conscientes. El arcángel Uriel a menudo utiliza los sueños para comunicar mensajes, por lo que es importante que lleves un registro de tus sueños en un diario de sueños. Por eso, llevar un diario puede ser una herramienta increíble para el autodescubrimiento, el crecimiento personal y la conexión con el arcángel Uriel. Esta sección te explicará los beneficios de llevar un diario de sueños y te dará consejos sobre cómo empezar uno.

Fija un horario

El primer paso para empezar un diario de sueños es establecer un horario. Decide con qué frecuencia quieres escribir en tu diario y cuánto tiempo quieres dedicar a escribir cada entrada. Elige la hora y el día que mejor te vengan y cíñete a ellos. Esto te ayudará a crear el hábito de anotar tus sueños. Una vez que adquieras el hábito, te resultará más fácil. Cuando empieces tu diario de sueños, asegúrate de incluir algunos datos básicos, como la fecha y la hora del sueño, cómo te sentías antes de acostarte y cualquier otra información que pueda ser importante.

Anota tus sueños

Empieza anotando lo que más te ha llamado la atención en tus sueños: personajes, emociones, lugares, colores y cualquier otra cosa que te llame la atención. No te olvides de incluir los símbolos y mensajes que el Arcángel Uriel pueda estar enviándote. Pueden ser sutiles pero muy poderosos. También es importante que incluyas cualquier sentimiento o emoción que hayas experimentado durante el sueño. Estos pueden darte más información sobre los mensajes que el Arcángel Uriel te está enviando.

Comprende tus sueños

Los sueños pueden ser confusos y fragmentados, lo que dificulta descifrar su significado. Sin embargo, si escribes tus sueños en un diario, podrás identificar patrones y temas emergentes. También podrás reflexionar sobre acontecimientos o sentimientos concretos que pueden haber desencadenado determinados sueños. Si tienes problemas para entender el mensaje de tu sueño, intenta escribirlo en forma de historia para que tenga sentido. De este modo, también te resultará más fácil identificar los símbolos y temas que aparecen en tus sueños.

Anota tus reflexiones

Una vez que hayas anotado los detalles de tu sueño, tómate unos minutos para reflexionar sobre él. Es un buen momento para dar rienda suelta a tu intuición y ver qué mensajes puedes encontrar en tu interior. Hazte preguntas como: "¿Qué puedo aprender de este sueño?" y "¿Cómo me ayuda este sueño a dar sentido a mi vida en este momento?". La reflexión es una herramienta poderosa para el autodescubrimiento y puede ayudarte a comprender cualquier mensaje que te envíe el arcángel Uriel.

No le des demasiadas vueltas

Los sueños también suelen ser confusos y abrumadores, por lo que es importante no pensar demasiado en ellos e intentar conseguir un equilibrio entre la introspección y la abrumación. Simplemente anota los detalles de tu sueño y luego déjalo ir. Pensar demasiado puede bloquear cualquier mensaje potencial del arcángel Uriel. Así que relájate y confía en que recibirás las respuestas que necesitas. Si te sientes atascado, tómate un descanso y vuelve a ello más tarde.

Siguiendo estos pasos, puedes empezar a desbloquear el poder del trabajo con los sueños y conectarte con el arcángel Uriel de una forma nueva. Así pues, recuerda mantener la mente abierta, confiar en tu intuición y rendirte a los mensajes que te llegan en sueños. Con tiempo, paciencia y práctica, serás capaz de comprender los significados más profundos de los mensajes que Uriel te envía.

Beneficios de llevar un diario de sueños

Llevar un diario de los sueños es una herramienta poderosa para conectar con el arcángel Uriel, pero también tiene otros beneficios. Llevar un diario de sueños puede ayudarte a ser más consciente, a comprender mejor tu subconsciente y a reconocer patrones y temas en tus sueños. También puede proporcionar claridad y ayudar a darte las respuestas y la claridad que estás buscando. Éstos son algunos de los principales beneficios que conlleva llevar un diario de los sueños:

- **Inspiración creativa:** Los sueños pueden ser una gran fuente de inspiración para escritores, artistas y músicos. Puedes capturar y explorar esos momentos de imaginación llevando un diario de sueños. Quién sabe, puede que incluso crees algo hermoso a partir de tus sueños.

- **Mejora la memoria:** Los sueños suelen olvidarse a los pocos minutos de despertarse. Sin embargo, puedes almacenarlos en tu memoria a largo plazo escribiéndolos. Esto no sólo mejora la capacidad de recordar los sueños, sino también la memoria en general. El acto de registrar tus sueños también puede ayudarte a recordarlos mejor.
- **Reflexión más profunda:** Nuestros sueños pueden revelar pensamientos y sentimientos subconscientes de los que no somos conscientes cuando estamos despiertos. Escribir estos sueños puede ser una forma de abrir esos reinos interiores y explorarlos más a fondo. Esto puede ayudar a la autorreflexión y al crecimiento personal. La información que obtengas puede ser increíblemente poderosa y ayudarte a encontrar las respuestas que buscas.
- **Dormir mejor:** Utilizar un diario de sueños puede ayudar a dormir mejor. Escribir tus sueños antes de acostarte puede ayudarte a liberar pensamientos y sentimientos negativos de tu mente, lo que te permitirá disfrutar de un sueño tranquilo. También puedes establecer intenciones para tus sueños mientras escribes el diario, lo que puede ayudarte a tener sueños más positivos y edificantes.

Los diarios de sueños pueden ofrecer muchas ventajas a cualquier persona interesada en explorar su interior. Un diario de sueños puede ser una herramienta increíble para comprender tus sueños, encontrar inspiración creativa, mejorar tu memoria, profundizar en tu autorreflexión y mejorar tu sueño. Comienza hoy mismo a escribir tu diario de sueños ¡y empieza a desentrañar los misterios de tu mente subconsciente!

Consejos para conectar con el arcángel Uriel a través del trabajo con los sueños

El arcángel Uriel, el ángel de la sabiduría y la iluminación, está aquí para ayudarnos a conectarnos con nuestra luz interior y a ver la verdad en nuestras vidas. Conectar con él puede ser una experiencia profundamente transformadora. He aquí algunos consejos para conectarte con el arcángel Uriel a través del trabajo con los sueños.

- **Medita antes de acostarte:** Meditar antes de acostarte también puede ayudarte a conectarte con el Arcángel Uriel en tus sueños. Antes de acostarte, tómate unos minutos para meditar y pídele al Arcángel Uriel que te guíe en tus sueños. Esto ayudará a calmar tu mente y hará que sea más fácil conectarte con el Arcángel Uriel.
- **Usa cristales:** Los cristales también pueden ser herramientas efectivas para conectarte con el arcángel Uriel a través del trabajo con los sueños. Algunos cristales asociados con el arcángel Uriel incluyen la amatista, el citrino y el cuarzo transparente. Coloca estos cristales debajo de la almohada o en la mesita de noche antes de acostarte. Pueden ayudarte a amplificar tu conexión con el arcángel Uriel en tus sueños.
- **Confía en tu intuición:** Confiar en tu intuición es clave para conectarte con el arcángel Uriel a través del trabajo con los sueños. Presta atención a cualquier instinto o corazonada que tengas sobre tus sueños. El arcángel Uriel a menudo se comunica a través de nuestra intuición, por lo que es importante confiar en ella.

Conectar con el arcángel Uriel a través del trabajo con los sueños puede ser una experiencia profundamente transformadora. Definir tu intención, llevar un diario de sueños, meditar antes de acostarte, utilizar cristales y confiar en tu intuición son herramientas que pueden ayudarte a conectar con él en tus sueños. Recuerda ser paciente y confiar en el proceso, y pronto descubrirás la sabiduría y la iluminación que el arcángel Uriel puede ofrecerte. En este capítulo se han tratado los aspectos básicos del trabajo con los sueños y de la conexión con el arcángel Uriel a través de ellos. Utilizando los consejos descritos en este capítulo, podrás empezar a explorar tus sueños y a conectarte con el arcángel Uriel para obtener respuestas, guía y curación. ¡Dulces sueños!

Capítulo 8: Cristales y velas

El arcángel Uriel es reconocido por su vínculo con los cristales y las velas. Estos dos elementos pueden ser poderosas herramientas para conectar con su energía y buscar orientación. Se cree que cristales como el citrino y el ámbar están en armonía con la energía de Uriel y pueden llevarse encima o colocarse en un altar. Del mismo modo, encender una vela amarilla o dorada también puede invitar a la energía de Uriel a tu espacio. Utilizando estas herramientas e invocando la presencia de Uriel, puedes aprovechar su sabiduría y recibir guía y protección en tu vida.

¿Estás listo para aprovechar el asombroso poder de los cristales y las velas? No busques más, este capítulo te ayudará en ambos frentes. La primera subsección profundiza en el fascinante mundo de la energía de los cristales y en cómo canalizarla para conectarte con el arcángel Uriel. Desde la amatista hasta el cuarzo rosa, hay un cristal para cada propósito e intención. La segunda subsección explora cómo las velas pueden comunicarse con el mundo del más allá, ya sea para enviar un mensaje a un ser querido o para atraer energía positiva. Así que toma tus cristales, enciende una vela y déjate guiar por el arcángel Uriel.

Aprovechar el poder de los cristales para canalizar la energía de Uriel

Los cristales pueden ayudarte a acceder a la guía de Uriel⁹

Uriel es conocido por ser el ángel que nos ayuda a conectarnos con nuestra sabiduría interior y aportar claridad a nuestras vidas. Una forma de canalizar la energía de Uriel es utilizar cristales que resuenen con su vibración. Aprovechando el poder de los cristales, puedes aprovechar el vasto caudal energético de Uriel y recibir orientación e iluminación en tu vida. Tanto si eliges utilizar cuarzo transparente, amatista, citrino, angelita o lapislázuli, cada cristal tiene una vibración única que llama al arcángel en un nivel intensamente profundo.

Experimenta con diferentes cristales y comprueba cuáles resuenan más contigo. Si los practicas de forma constante, podrás acceder a la energía de Uriel siempre que la necesites, lo que llevará claridad e iluminación a tu vida. Esta sección explorará el poder de los cristales para canalizar la energía de Uriel y cómo puedes utilizarlos en tu práctica espiritual.

Hematites

Desde la antigüedad, los cristales han sido venerados por sus propiedades místicas, y su poder para curar y restaurar el equilibrio de la mente, el cuerpo y el espíritu es cada vez más popular hoy en día. Uno de los cristales que se ha utilizado durante siglos es la hematites, conocida por sus propiedades enraizantes, protectoras y transformadoras. ¿Pero sabías que la hematites puede ser utilizada para canalizar la energía del arcángel Uriel? Exploremos los beneficios, métodos de uso, limpieza y técnicas de programación asociadas con el uso de hematites para aprovechar la energía de Uriel.

Beneficios

El arcángel Uriel se asocia con la creatividad, la sabiduría y los despertares espirituales. Según las tradiciones espirituales, la energía de Uriel puede ayudarnos a superar patrones emocionales negativos, disipar el miedo y la duda, ayudar en la toma de decisiones y acceder a la intuición. La hematites, como cristal protector y de conexión a tierra, puede amplificar estos efectos absorbiendo las energías negativas que podamos tener y ayudando a equilibrar nuestros centros energéticos. Al canalizar la energía de Uriel a través de la hematites, podemos experimentar una mayor claridad, propósito y potencial creativo.

Métodos de uso

Existen varias formas de utilizar la hematites para canalizar la energía de Uriel. Un método popular es simplemente llevar un trozo de hematites contigo durante todo el día, ya sea en el bolsillo, en un collar o pulsera, o en una bolsa. Esto te permitirá mantenerte conectado a las energías protectoras y de conexión a tierra del cristal, y al mismo tiempo atraer la sabiduría y la inspiración de Uriel a tu vida.

Otra técnica consiste en meditar con hematites, sosteniéndola en la mano o colocándola sobre el tercer ojo o el chakra coronario. Esto puede ayudarte a acceder de forma más directa a la energía de Uriel y a sintonizar con tus intuiciones y percepciones espirituales. Por último, puedes utilizar la hematites para crear un retículo de cristales o un altar, colocándola junto a otros cristales y símbolos que reflejen la energía de Uriel.

Limpiar y programar con la energía de Uriel

Como todos los cristales, la hematites debe limpiarse y programarse regularmente para mantener su integridad energética. Algunos métodos de limpieza y programación de hematites incluyen:

- Limpieza con agua salada o luz de luna.
- Establecer intenciones a través de la meditación o la visualización.

- Limpieza con salvia u otras hierbas limpiadoras.
- Colocarla en una placa de carga de selenita.
- Programarla con afirmaciones específicas o intenciones energéticas relacionadas con la energía de Uriel.

La hematites es un cristal que porta mucha fuerza y tiene muchos beneficios para la mente, el cuerpo y el espíritu. Si aprendes a utilizar la hematites para canalizar la energía del arcángel Uriel, podrás aprovechar su poder transformador y acceder a mayores niveles de intuición, creatividad e inspiración. Tanto si llevas una hematites contigo a lo largo del día, meditas con ella o creas una red de cristales, incorporar la hematites a tu práctica espiritual puede ayudarte a sentirte más equilibrado, enraizado y conectado con tu sabiduría interior.

Obsidiana

La obsidiana es una potente herramienta espiritual que diversas culturas han utilizado durante siglos. Es un vidrio volcánico oscuro con un brillo natural, lo que la hace muy codiciada en joyería y ornamentos. Pero quizás el uso más impresionante de la obsidiana sea su capacidad para canalizar energía. Una de ellas es la energía de la sabiduría y la perspicacia de Uriel. Esta sección hablará de los muchos beneficios del uso de la obsidiana para canalizar la energía de Uriel, cómo puede utilizarse y cómo limpiarla y programarla.

Beneficios

La obsidiana es una potente herramienta espiritual que diversas culturas han utilizado durante siglos. Es un vidrio volcánico oscuro con un brillo natural, lo que la hace muy codiciada en joyería y ornamentos. Pero quizás el uso más impresionante de la obsidiana sea su capacidad para canalizar energía. Una de ellas es la energía de la sabiduría y la perspicacia de Uriel. Esta sección hablará de los muchos beneficios del uso de la obsidiana para canalizar la energía de Uriel, cómo puede utilizarse y cómo limpiarla y programarla.

Métodos de uso

Existen varias formas de utilizar la obsidiana para canalizar la energía de Uriel. Un método popular es llevar una piedra de obsidiana o usarla como joya. Esto te permitirá tener acceso continuo a la energía de Uriel. Otro método es colocar una pirámide de obsidiana en tu casa u oficina, lo que puede ayudar a despejar la energía negativa y promover la positividad. También puedes meditar con una piedra de obsidiana, ya sea sosteniéndola o colocándola en el chakra del tercer ojo, para conectarte profundamente con la energía de Uriel.

Limpiar y programar con la energía de Uriel

Una vez que hayas encontrado la piedra de obsidiana que mejor se adapta a tus manos, es importante limpiarla y programarla antes de utilizarla. Para limpiar la piedra, puedes sumergirla en agua salada o ponerla al sol o a la luz de la luna durante unas horas. Para programar la piedra, establece una intención o afirmación sobre cómo quieres utilizarla. Por ejemplo, puedes decir: "Programo esta obsidiana para que me ayude a obtener perspicacia y claridad". Esto ayudará a enfocar la energía de Uriel a través de la piedra de obsidiana.

Conectarse con la energía de Uriel

Para conectarte con la energía de Uriel, empieza por encontrar un lugar tranquilo y siéntate cómodamente en él. Respira profundamente varias veces y concéntrate en tu intención de conectarte con Uriel. Sujeta la piedra de obsidiana o colócala en el chakra del tercer ojo. Visualiza una luz blanca que los rodea a ti y a la piedra. A continuación, permítete recibir la guía, la claridad y la sabiduría de Uriel.

La obsidiana es una poderosa herramienta espiritual que puede canalizar la energía de Uriel. Los beneficios de utilizar la obsidiana para conectar con esta energía incluyen la obtención de comprensión y claridad, la mejora de la intuición y la liberación de las emociones negativas. Existen varios métodos de uso, como llevar la piedra encima, colocarla en casa o en la oficina y meditar con ella. Para limpiar y programar la piedra, sumérgela en agua salada o colócala al sol o a la luz de la luna y establece una intención sobre cómo quieres utilizarla. En general, usar obsidiana para canalizar la energía de Uriel puede traer paz e iluminación a tu vida.

Ojo de tigre

Los cristales son sanadores naturales que transmiten vibraciones energéticas, y uno de ellos es el Ojo de Tigre. Esta impresionante piedra de color marrón dorado ha sido utilizada durante siglos para aumentar la fuerza de voluntad, el coraje y la claridad mental. Se cree que las potentes vibraciones del cristal nos ayudan a conectarnos con el Arcángel Uriel, el ángel de la sabiduría y la prosperidad.

Beneficios

El Ojo de Tigre es una piedra que puede aportar estabilidad y equilibrio a nuestras vidas. Es excelente para disipar miedos y aumentar la confianza en uno mismo. Cuando utilizamos el Ojo de Tigre para conectarnos con Uriel, experimentamos una mayor claridad mental y concentración. La energía de Uriel es conocida por ayudarnos a obtener una visión profunda de cualquier situación, y el Ojo de Tigre puede amplificar esta energía, facilitándonos su canalización. Además, este cristal puede ayudar a conectarnos con nuestra fuerza interior, dándonos el valor para perseguir nuestros objetivos y sueños.

Métodos de uso

Existen varias formas de utilizar el Ojo de Tigre para canalizar la energía de Uriel. Una de las más efectivas es sostener el cristal en nuestras manos y concentrarnos en la intención de conectarnos con Uriel. También podemos colocar la piedra en nuestro chakra del tercer ojo para potenciar la intuición y la sabiduría interior. Otra forma es lucir el cristal como joya en forma de pulsera o collar, dejando que su energía actúe sobre nosotros continuamente a lo largo del día. Por último, también podemos meditar con el cristal, sosteniéndolo entre las manos y concentrándonos en nuestra respiración, dejando que las vibraciones naturales del cristal calmen nuestra mente y nuestro cuerpo.

Limpiar y programar con la energía de Uriel

Limpiar y programar tu cristal con la energía de Uriel es esencial para que funcione correctamente. Para limpiar el cristal, colócalo en un cuenco con agua filtrada y déjalo a la luz de la luna o del sol durante unas horas. Para programar el cristal, sostenlo en tus manos y recita una oración o afirmación, pidiéndole a Uriel que infunda su energía en el cristal. Este paso garantiza que la energía del cristal esté alineada con nuestras intenciones y deseos.

El Ojo de Tigre es un cristal poderoso y versátil que puede ayudar a conectarnos con la energía de Uriel para mejorar nuestro crecimiento espiritual y nuestra claridad mental. Puede aportar equilibrio y estabilidad a nuestras vidas y darnos el valor para perseguir nuestros objetivos y sueños. El uso del Ojo de Tigre puede ayudarnos a sintonizar con la energía de Uriel, facilitándonos la recepción de percepciones y orientación del ángel de la sabiduría y la prosperidad. Con una limpieza y programación adecuadas, el Ojo de Tigre puede convertirse en una fuente constante de consuelo y curación, contribuyendo a nuestro bienestar general.

Ámbar

¿Has oído hablar alguna vez de las propiedades curativas del ámbar? Esta hermosa gema dorada, formada a partir de la savia de árboles ancestrales, es algo más que una bonita pieza de joyería. Se cree que el ámbar tiene increíbles capacidades curativas y, cuando se combina con la poderosa energía del arcángel Uriel, puede tener un profundo efecto en la mente, el cuerpo y el espíritu.

Beneficios

El ámbar transmite una energía cálida y reconfortante que ayuda a calmar la ansiedad, el miedo y la depresión. También se le atribuyen propiedades antiinflamatorias, por lo que es útil para diversas dolencias físicas, como el dolor articular, la artrosis y la artritis reumatoide. Además, la energía de Uriel nos ayuda a liberarnos de las emociones negativas, potencia nuestra intuición y favorece la claridad de pensamiento. Utilizando el ámbar para canalizar la energía de Uriel, aprovechamos su sabiduría y obtenemos una comprensión más profunda de nosotros mismos y de nuestro camino en la vida.

Métodos de uso

Hay muchas formas de utilizar el ámbar para canalizar la energía de Uriel. Una de las formas más sencillas es llevar un collar, una pulsera o unos pendientes de ámbar. Al llevar la piedra, puedes concentrar tu intención en atraer la energía de Uriel, permitiendo que fluya a través de la piedra y hacia tu cuerpo. Otro popular método consiste en meditar con una piedra de ámbar. Sujeta la piedra, cierra los ojos y concéntrate en tu respiración. Al inhalar, visualiza una luz dorada que fluye hacia tu cuerpo, llevando consigo la energía de Uriel. Al exhalar, libera cualquier emoción o pensamiento negativo que ya no te sirva.

Limpiar y programar con la energía de Uriel

Para potenciar los poderes curativos de tu ámbar, mantenla limpia y programada con la energía de Uriel en todo momento. Para ello, puedes sostener la piedra en la mano y concentrar tu intención en limpiarla de cualquier energía negativa. También puedes visualizar un rayo de luz dorada que fluye hacia la piedra, impregnándola de la energía de Uriel. Una vez que tu ámbar esté limpia, es hora de programarla con tu intención. Sostén la piedra en la mano y visualiza lo que quieres manifestar en tu vida. Puede ser cualquier cosa, desde abundancia económica hasta curación emocional. Mientras visualizas tu intención, permite que la energía de Uriel fluya a través de la piedra, amplificando tu poder de manifestación.

El uso del ámbar tiene un poderoso efecto en tu bienestar físico, emocional y espiritual. Llevando joyas de ámbar, meditando con una piedra de ámbar y limpiándola y programándola con la energía de Uriel, puedes acceder a una poderosa fuente de curación e iluminación. Recuerda que la intención es clave cuando se utiliza el ámbar para canalizar la energía de Uriel. Establece claramente tu intención y concentra tu energía en ella con confianza y fe. A medida que practiques el trabajo con el ámbar y la energía de Uriel, puede que descubras que tu intuición, tu sabiduría interior y tu sentido del propósito se tornan más claros y fuertes, lo que te conducirá a una vida más plena y alegre.

Mejora tu experiencia de meditación con cristales

Bienvenido a un mundo de serenidad, equilibrio y paz, donde los poderes curativos de los cristales te ayudarán a alcanzar un verdadero estado de atención plena y meditación. Esta sección explorará cómo puedes utilizar los cristales para canalizar la energía divina de Uriel y ayudarte a desbloquear tu yo interior, mejorar tu experiencia de meditación y conectarte con el universo. Tanto si eres un meditador experimentado como un principiante, esto te ayudará a explorar el poder de los cristales y a aprovechar la energía divina de Uriel mediante ejercicios sencillos pero poderosos.

Los cristales han sido utilizados durante siglos para la sanación espiritual, física y emocional. Poseen frecuencias vibratorias únicas que pueden interactuar con tu campo energético, ayudándote a conseguir una mejor salud, equilibrio emocional y crecimiento espiritual. La clave para liberar su poder durante la meditación es elegir cristales que resuenen con la energía de Uriel. El cuarzo transparente, el citrino, la cornalina y el granate son cristales asociados con la energía de Uriel y poseen propiedades únicas que pueden ayudar a conectarte con su energía divina.

Lo básico

Para utilizar cristales y meditar con la energía de Uriel, empieza por buscar un lugar tranquilo y seguro donde puedas hacerlo sin distracciones. Siéntate cómodamente con el cristal elegido en la mano o colócalo sobre tu corazón. Cierra los ojos, respira profundamente y visualiza la energía de Uriel como una luz dorada que entra en tu cuerpo desde arriba. Concéntrate en la energía del cristal, siente sus vibraciones y deja que fluya por tu cuerpo, desde la cabeza hasta los pies. Respira profundamente, libera cualquier tensión y déjate guiar por la energía divina de Uriel.

Cuadrícula de cristal

Utilizar una cuadrícula de cristal es otra forma de conectar con la energía de Uriel durante la meditación. Esta forma geométrica se crea colocando cristales en un patrón específico sobre una superficie. Para crear una cuadrícula de cristales para la meditación, empieza por elegir cristales que correspondan a la energía de Uriel, como el cuarzo transparente, la cornalina y el granate. Coloca los cristales en el patrón que elijas, concentrándote en su colocación e intención. Una vez que hayas creado la cuadrícula, siéntate frente a ella y concéntrate en la energía de Uriel, visualizándola fluyendo a través de los cristales y hacia tu cuerpo.

Collar de meditación

Si deseas realizar un ejercicio de meditación más atractivo, puedes utilizar cristales para crear un collar de meditación. Un collar de meditación está hecho de cristales elegidos en función de su energía y frecuencia vibratoria. Para hacer el collar, utiliza cristales que se correspondan con la energía de Uriel, seleccionando piedras de cuarzo transparente, cornalina y granate. Átalas en un cordón y concéntrate en la intención de que el collar te ayude a conectarte con la energía de Uriel durante la meditación. Lleva el collar durante la meditación, permitiendo que las vibraciones de los cristales mejoren tu experiencia.

La magia del trabajo con velas y la energía de Uriel

Hay algo en el parpadeo de una vela que aporta una sensación de paz y tranquilidad a un alma atribulada. Desde el suave resplandor de una vela de cumpleaños hasta la calidez de una cena a la luz de las velas, estas han sido utilizadas durante siglos para crear ambiente y establecer la atmósfera. Pero ¿sabías que las velas también pueden utilizarse para establecer intenciones, desbloquear tu magia interior y conectarte con tu lado espiritual? Esta sección explorará el mundo del trabajo con velas y la poderosa energía del arcángel Uriel.

¿Qué es el trabajo con velas?

El trabajo con velas es la práctica de usar velas para manifestar tus deseos e intenciones. Cada color de vela corresponde a una intención o energía diferente. Por ejemplo, las velas verdes se utilizan a menudo para la abundancia y la prosperidad, mientras que las velas moradas se utilizan para el crecimiento espiritual y la intuición. Al encender una vela con una intención específica, puedes enfocar tu energía y llevar esa intención a buen término.

Combinar el trabajo de las velas con la energía de Uriel

Puedes utilizar esta combinación de una vela de color y la energía de Uriel para ayudarte en cualquier área de tu vida, ya sea tu carrera, tus relaciones o tu crecimiento personal. Pero ¿cómo combinar el trabajo con velas y la energía de Uriel?

Simplemente enciende una vela del color que se corresponda con tu intención y pídele a Uriel que esté presente contigo. Puedes expresar tu intención en voz alta o simplemente retenerla en tu mente. Mientras te concentras en tu intención, imagina que la energía de Uriel te rodea y te brinda guía y claridad. Otra forma de incorporar la energía de Uriel a tu trabajo con velas es utilizar velas específicas que estén impregnadas con la energía de Uriel. Estas velas suelen estar cargadas con cristales y aceites esenciales que se corresponden con la energía de Uriel, lo que las hace aún más poderosas. Puedes encontrar estas velas en Internet o en tiendas metafísicas locales.

Los colores de las velas y sus asociaciones curativas

Durante siglos, las velas han sido utilizadas como una forma de curación. Emiten un cálido resplandor que tiene efectos terapéuticos en la mente, el cuerpo y el alma. Cada color de vela representa una vibración energética única que nos ayuda a conseguir el resultado deseado. Además, invocar a un arcángel como Uriel puede amplificar la energía y el poder de la vela. Esta sección profundizará en las asociaciones de los diferentes colores de las velas, sus propiedades curativas y cómo Uriel puede potenciar la energía para ayudarnos a manifestar nuestros deseos.

- **Velas blancas:** Las velas blancas representan la pureza y un poder superior. Pueden utilizarse como protección, guía y para eliminar influencias negativas. Para potenciar la energía de la vela blanca, invoca al arcángel Uriel para que te guíe y proteja.
- **Velas amarillas:** Las velas amarillas se asocian con la claridad mental, la comunicación y la confianza en uno mismo. Pueden aumentar la concentración, mejorar la memoria y aliviar la ansiedad. Invoca al arcángel Uriel para obtener claridad mental y orientación para potenciar la energía de la vela amarilla.
- **Velas verdes:** Las velas verdes representan la abundancia, la riqueza y la prosperidad. Pueden utilizarse para manifestar buena fortuna, salud y riqueza. Para mejorar la energía de la vela verde, invoca al arcángel Uriel para obtener abundancia, prosperidad y crecimiento.
- **Velas azules:** Las velas azules representan la calma, la serenidad y la tranquilidad. Pueden calmar una mente hiperactiva, aliviar el estrés y promover la relajación. Para potenciar la energía de la vela azul, invoca al arcángel Uriel para conseguir calma y paz.
- **Velas rojas:** Las velas rojas representan la pasión, la fuerza y el coraje. Pueden atraer el amor, potenciar la sexualidad y aumentar la vitalidad. Invoca al arcángel Uriel para que te dé fuerza y coraje para potenciar la energía de la vela roja.
- **Velas moradas:** Las velas moradas representan la espiritualidad, la meditación y la capacidad psíquica. Pueden mejorar la intuición, las habilidades psíquicas y la iluminación espiritual. Invoca al arcángel Uriel para que te guíe y te ilumine espiritualmente para potenciar la energía de la vela morada.
- **Velas negras:** Las velas negras representan protección, destierro y conexión a tierra. Se pueden utilizar para eliminar la negatividad, protegerse de las energías maliciosas y conectarse a tierra. Para potenciar la energía de la vela negra, invoca al Arcángel Uriel con el fin de obtener protección y conexión a tierra.

Utilizar velas como herramienta de sanación puede ser un método fácil y eficaz para manifestar nuestras intenciones. La vibración energética de cada color puede ayudarnos a alinearnos con nuestros deseos, e invocar al arcángel Uriel puede elevar y amplificar la energía. Utilizando la lista práctica de colores de velas y sus asociaciones, podemos ser más intencionales en la selección de nuestras velas y crear una experiencia de sanación poderosa y transformadora. Recuerda, trabajar con velas es una forma de autocuidado, y dedicándonos tiempo a nosotros mismos, podemos crear una vida más positiva y satisfactoria.

Canalizando la energía de Uriel con la meditación y visualización con velas

¿En alguna ocasión te sientes emocional o mentalmente agotado? ¿Te cuesta concentrarte o encontrar la paz interior en medio del caos de la vida cotidiana? Tal vez haya llegado el momento de aprovechar el poder de la meditación y la visualización. Al concentrar nuestros pensamientos y nuestra energía, podemos conectarnos con lo divino y recibir la guía y la fuerza que necesitamos. Exploremos el arte de la meditación con velas y los ejercicios de visualización, centrados específicamente en canalizar la energía del arcángel Uriel.

1. El primer paso en la meditación con velas es encontrar un espacio tranquilo y silencioso. Siéntate cómodamente en el suelo o en una silla con la columna erguida y los ojos cerrados. Respira profundamente unas cuantas veces y centra tus pensamientos en Uriel. Comienza a visualizarlo frente a ti, brillando con luz y sabiduría. Permite que su energía te envuelva, protegiéndote y guiándote.

2. A continuación, enciende una vela delante de ti. Observa la llama, centrando tu atención únicamente en sus movimientos. Si tu mente se distrae, reorienta suavemente tus pensamientos hacia la llama. Mientras observas el parpadeo del fuego, visualiza cómo la energía de Uriel conecta contigo, trayéndote claridad y perspicacia. Incluso puedes recitar un mantra como "Uriel, lléname de tu sabiduría".

3. Mientras sigues mirando la vela, visualiza que la energía de Uriel fluye hacia la llama y luego vuelve a ti. Imagina que la energía llena tu cuerpo, desde la coronilla hasta la planta de los pies. Siente cómo te limpia y purifica, lavando cualquier negatividad o duda. Permítete disfrutar de la calidez y la luz de la energía de Uriel, sabiendo que estás a salvo y protegido.

4. Imagínate rodeado por una burbuja dorada de luz. Imagina que la burbuja crece más y más hasta que abarca toda tu habitación. Imagina que la energía de Uriel te guía, te inspira y te infunde su sabiduría dentro de la burbuja. Siente la energía pulsando a través de ti, dándote poder para avanzar con confianza y claridad.
5. Agradece a Uriel su guía y protección. Visualiza su energía sacándote de tu meditación, ayudándote a sentirte renovado y fresco. Afírmate a ti mismo que eres merecedor de abundancia, alegría y sabiduría y que continuarás canalizando la energía de Uriel a medida que avanzas en tu día.

Al practicar la meditación con velas y los ejercicios de visualización, podemos aprovechar el poder del arcángel Uriel y conectarnos con nuestra sabiduría interior. Estas prácticas nos ayudan a conservar la calma y a centrarnos, incluso en medio de los desafíos de la vida. Recuerda dedicar un tiempo para ti a diario, aunque sólo sean unos minutos, para practicar estos ejercicios y conectarte con lo divino. Te sorprenderá la claridad y la percepción que puedes obtener.

Este capítulo ha explorado cómo los cristales y las velas pueden ayudarnos a canalizar la energía del arcángel Uriel. El uso de cristales y velas como una forma de autocuidado es una gran manera de fomentar la energía positiva, la claridad y la perspicacia. Los cristales vibran a distintas frecuencias, que activan nuestros chakras y aportan equilibrio a nuestro campo energético. Las velas pueden mejorar nuestro estado emocional favoreciendo la relajación y creando una atmósfera tranquilizadora. Por último, la meditación con velas y los ejercicios de visualización pueden ayudarnos a conectarnos con la energía de Uriel, obteniendo claridad y perspicacia.

Capítulo 9: Rituales y ejercicios diarios

¿Estás buscando una conexión más profunda con el arcángel Uriel? Incorporar rituales y ejercicios diarios a tu rutina puede ayudarte a establecer una fuerte conexión espiritual con este arcángel conocido por su sabiduría y guía. Intenta reservar un tiempo de silencio cada mañana para meditar e invocar al arcángel Uriel para que te guíe a lo largo del día. Este capítulo contiene instrucciones paso a paso para crear una práctica diaria que te ayudará a mejorar tu conexión con el arcángel Uriel y que será lo suficientemente sencilla como para añadirla a tu rutina diaria. Cada sección también detallará varios ejercicios, meditaciones y afirmaciones que puedes utilizar para revitalizar tu conexión espiritual. Al dar prioridad a estos rituales diarios, estarás en camino de construir una relación más fuerte con este poderoso arcángel.

Potenciar la creatividad a través del arcángel Uriel

La creatividad es un don, pero no siempre es fácil aprovecharlo. En momentos de estrés o agotamiento, acceder a la parte creativa de nuestra mente puede ser incluso más difícil. Sin embargo, con la ayuda del arcángel Uriel, podemos desbloquear nuestra imaginación y dar vida a nuestras ideas. He aquí una guía paso a paso para potenciar la creatividad con la guía del arcángel Uriel.

Ejercicios diarios

El ejercicio diario puede permitirte explotar tu creatividad"

Crear una rutina diaria de ejercicios puede potenciar tu creatividad. El arcángel Uriel nos guía para que centremos nuestra energía en el momento presente, lo que nos ayuda a relajarnos y a centrarnos en la tarea que tenemos entre manos. Una forma de hacerlo es a través del movimiento. Actividades como el yoga, la danza o incluso un simple paseo pueden ayudarte a despejar la mente y aportar inspiración a tus proyectos. También puedes probar con la escritura libre, en la que escribes tus pensamientos durante unos minutos cada día. Esto te ayudará a identificar patrones y temas que pueden despertar nuevas ideas.

Meditaciones

El arcángel Uriel es conocido por guiarnos hacia nuestra sabiduría interior. La meditación es una potente herramienta para acceder a esa sabiduría y creatividad que llevamos dentro. Comienza sentándote en silencio durante unos minutos al día, concentrándote en tu respiración y dejando que tu mente se calme. Mientras respiras, imagina que una luz blanca te rodea, invitando al arcángel Uriel a unirse a ti. También puedes probar meditaciones guiadas diseñadas específicamente para la creatividad. Estas meditaciones suelen llevarte a un viaje para descubrir nuevas ideas o perspectivas.

Afirmaciones

Las afirmaciones son otra poderosa forma de cambiar tu mentalidad hacia una perspectiva más positiva y creativa. Empieza por elegir tres afirmaciones relacionadas con la creatividad, como "Soy un recipiente para la inspiración divina" o "Mi creatividad fluye sin esfuerzo". Repítete estas afirmaciones cada día, ya sea en meditación o como pensamiento intencionado a lo largo del día. También puedes crear tableros de visión con imágenes y citas que te inspiren.

Acceso a la sabiduría y a la claridad mental con el arcángel Uriel

Sentirse perdido, confuso o abrumado por los retos de la vida puede pasar factura mental y emocional. Afortunadamente, existen ayudantes espirituales a los que podemos recurrir en busca de guía, sabiduría y claridad mental. El guía en el que se centra este libro es el arcángel Uriel, el ángel de la sabiduría y la iluminación. Con un poco de práctica, cualquiera puede aprender a acceder a la ayuda divina de Uriel para mejorar la calidad de su vida. Aquí tienes una guía paso a paso para acceder a la sabiduría y claridad mental que necesitas a través del arcángel Uriel.

Ejercicios diarios

Sentirse perdido, confuso o abrumado por los retos de la vida puede pasar factura mental y emocional. Afortunadamente, existen ayudantes espirituales a los que podemos recurrir en busca de guía, sabiduría y claridad mental. El guía en el que se centra este libro es el arcángel Uriel, el ángel de la sabiduría y la iluminación. Con un poco de práctica, cualquiera puede aprender a acceder a la ayuda divina de Uriel para mejorar la calidad de su vida. Aquí tienes una guía paso a paso para acceder a la sabiduría y claridad mental que necesitas a través del arcángel Uriel.

Meditaciones

Busca un lugar tranquilo y apacible para sentarte y comienza visualizando la luz divina y la calidez del arcángel Uriel rodeándote. Concéntrate en tu respiración y deja que cualquier pensamiento o emoción pase como las nubes en el cielo. Mientras te concentras en tu respiración y en el momento presente, pídele a Uriel guía, claridad y sabiduría. Es posible que recibas un mensaje o una impresión, o simplemente una sensación de paz y consuelo.

Afirmaciones

Estas afirmaciones positivas pueden ayudarte a cambiar tu mentalidad y provocar un cambio positivo en tu vida. Algunos ejemplos de afirmaciones que puedes utilizar para conectar con el arcángel Uriel son: "Estoy abierto a recibir la guía y la sabiduría divinas", "Confío en que el universo tiene un plan para mí" y "Estoy lleno de paz, amor y claridad."

Caminatas por la naturaleza

Conectar con la naturaleza es una forma estupenda de acceder a la sabiduría de Uriel y aprovechar tu intuición. Puedes dar un paseo por el parque, ir de excursión o simplemente sentarte en el jardín o en el balcón. Mientras te sumerges en la belleza natural que te rodea, pídele a Uriel que te guíe y te aclare cualquier duda o pregunta. Es posible que las respuestas te lleguen más rápidamente de lo que esperabas.

Curación de traumas

Ya sean físicos o emocionales, los traumas pueden dejar profundas cicatrices en la psiquis de una persona. A menudo provocan miedo, ansiedad y depresión, afectando significativamente a tu calidad de vida. La guía divina del arcángel Uriel puede ofrecer un camino único hacia la curación a las personas que luchan por encontrar una salida a sus traumas. Conocida como la "luz de Dios", la energía curativa del arcángel Uriel ayuda a liberar las heridas emocionales y a transformar la vida. He aquí un proceso paso a paso para ayudarlo a sanar de un trauma con el arcángel Uriel.

Ejercicios diarios

El primer paso en este viaje de autocuración es cuidar de tu salud física. Comienza incorporando a tu rutina ejercicios diarios como el yoga, la meditación o caminar. Estas actividades aportarán equilibrio a tu mente, cuerpo y espíritu, y te sentirás relajado y lleno de energía simultáneamente. Si prefieres actividades físicas intensas como correr o levantar pesas, adelante, hazlas. Sea lo que sea lo que elijas hacer, sé constante. Se ha demostrado que la actividad física reduce los niveles de hormonas del estrés como el cortisol y la adrenalina, que pueden desencadenar ansiedad e hiperactivación en los traumas.

Meditaciones

Ahora que has incorporado hábitos saludables a tu rutina diaria, pasarás a la meditación. La meditación puede ayudarte a calmar el ruido de tu mente y a liberar la negatividad. Con la energía divina del arcángel Uriel, las meditaciones pueden convertirse en una experiencia transformadora que te ayude a liberar la energía tóxica atrapada en tu interior. Comienza tu meditación con respiraciones profundas, inhala por la nariz y exhala por la boca. Visualiza la luz divina del arcángel Uriel rodeándote como una manta cálida. También puedes visualizarte en la naturaleza, rodeado de árboles, ríos o montañas. Esta visualización te ayudará a conectarte con la energía divina y a liberar cualquier dolor, miedo o tristeza.

Afirmaciones

La otra herramienta poderosa que puede ayudarte a curarte de un trauma son las afirmaciones. Las palabras tienen poder, y cuando las pronuncias con frecuencia, se convierten en parte de tus pensamientos subconscientes. Las afirmaciones son afirmaciones positivas que te dices a ti mismo repetidamente para recordarte que mereces amor, curación y felicidad. Con la poderosa energía del arcángel Uriel, las afirmaciones se vuelven aún más potentes y eficaces. Elige afirmaciones positivas que resuenen contigo y recítalas a lo largo del día. Ejemplos de afirmaciones son "Soy digno de amor y alegría", "Irradio felicidad y positividad" y "Libero todos los miedos y dudas que hay en mí".

Buscar ayuda profesional

Aunque los ejercicios diarios, la meditación y las afirmaciones pueden hacer maravillas en algunas personas, puede que no sean suficientes para curar un trauma grave. Recuerda que está bien buscar ayuda profesional si sientes que la necesitas. Un terapeuta o consejero profesional puede ayudarte a navegar por tus emociones y guiarte por un camino saludable hacia la curación. La energía del arcángel Uriel siempre estará contigo, y buscar ayuda profesional no obstaculizará el proceso, sino que lo acelerará.

Elevar tu vibración

¿Alguna vez has sentido que todo a tu alrededor está un poco apagado? Tal vez no puedas deshacerte de la sensación de negatividad o no encuentres la felicidad. La solución puede estar en elevar tu vibración. Cuando tenemos una vibración alta, atraemos más experiencias positivas, personas y oportunidades a nuestras vidas. Una forma de elevar tu vibración es trabajar con el arcángel Uriel. He aquí una guía paso a paso sobre cómo elevar tu vibración a través del arcángel Uriel.

Ejercicios diarios

¿Alguna vez has sentido que todo a tu alrededor está un poco apagado? Tal vez no puedas deshacerte de la sensación de negatividad o no encuentres la felicidad. La solución puede estar en elevar tu vibración. Cuando tenemos una vibración alta, atraemos más experiencias positivas, personas y oportunidades a nuestras vidas. Una forma de elevar tu vibración es trabajar con el arcángel Uriel. He aquí una guía paso a paso sobre cómo elevar tu vibración a través del arcángel Uriel.

Meditaciones

La meditación es una poderosa herramienta para conectarte con el arcángel Uriel y elevar tu vibración. Comienza por encontrar un lugar tranquilo para sentarte cómodamente y concentrarte en la respiración. Una vez que te sientas centrado, visualízate rodeado de una luz brillante y dorada. Esta luz representa la elevadora energía del arcángel Uriel. Siente la calidez de su energía y deja que llene el espacio de tu corazón. Cuando estés preparado, pídele en silencio que te guíe y te apoye. Confía en que Él siempre está contigo y que su energía te ayudará a manifestar tu máximo potencial.

Afirmaciones

Las afirmaciones pueden ayudarte a reprogramar tu subconsciente y a elevar tu vibración. Puedes comenzar creando una lista de afirmaciones que resuenen contigo. Algunos ejemplos son: "Merezco amor y felicidad" o "Confío en el proceso de mi vida". Una vez que tengas tu lista, recita estas afirmaciones para ti mismo todos los días. Puedes decirlas mentalmente o en voz alta. La clave es encarnar la energía de la afirmación y creer plenamente en su verdad.

Autorreflexión

De vez en cuando, es fundamental dar un paso atrás y reflexionar sobre tu vida. Pregúntate qué experiencias o emociones te impiden manifestar tu vida ideal. Reconócelas y libéralas con la ayuda del Arcángel Uriel. Puedes hacerlo mediante una técnica de visualización. Visualízate colocando estas creencias limitantes en una burbuja y entregándoselas a la energía de Uriel. Confía en que él te ayudará a transmutar estas creencias en positividad y luz.

Escribirle al arcángel Uriel

Si buscas paz, sabiduría y guía divina, el arcángel Uriel está aquí para ayudarte. Este poderoso ser de luz irradia calma, tranquilidad y profunda perspicacia, y puede ayudarte a superar obstáculos, sanar viejas heridas y manifestar tus sueños. Una de las formas más poderosas de conectarte con Uriel es poniendo por escrito tus pensamientos, miedos, esperanzas e intenciones. De este modo, podrás acceder a tu sabiduría interior, liberarte de las energías negativas y recibir poderosos mensajes del reino de los ángeles. He aquí una guía paso a paso que te mostrará cómo escribirle al Arcángel Uriel de forma clara, centrada y eficaz para recibir la guía y las bendiciones que buscas.

Paso 1: Prepara tu espacio

Antes de empezar a escribir, es importante que prepares el ambiente para tu comunicación con el arcángel Uriel. Busca un lugar tranquilo y cómodo donde no te molesten. Enciende una vela, quema incienso o salvia y, si quieres, pon música suave. También puedes crear un altar o un lugar especial para Uriel colocando cristales, flores, plumas u otros objetos sagrados que resuenen contigo. Respira profundamente, céntrate y pídele al arcángel Uriel que te acompañe, te guíe y te proteja mientras escribes.

Paso 2: Declara tu intención

Una vez que hayas preparado tu espacio, tómate un momento para aclarar la intención con la que escribes al arcángel Uriel. ¿Necesitas claridad sobre un tema específico? ¿Quieres liberarte de viejos patrones, miedos o dudas? ¿O simplemente quieres profundizar tu conexión con lo divino? Escribe tu intención de forma clara y concisa, y deja que guíe tu escritura. Puedes comenzar con una declaración sencilla, como "Querido arcángel Uriel, hoy te escribo porque..." o "Pido tu guía en el tema de...".

Paso 3: Abre tu corazón

Ahora es el momento de dejar que tus palabras fluyan libre y abiertamente. No te preocupes por la gramática, la ortografía o la estructura; escribe desde el corazón y el alma. Si te sientes bloqueado o abrumado, puedes empezar con algunas preguntas, como las siguientes:

- ¿Cuáles son mis mayores miedos ante esta situación?
- ¿Cuáles son mis mayores aspiraciones y esperanzas?
- ¿Qué necesito soltar para avanzar?
- ¿Qué acciones o pasos puedo dar para alinearme con mi propósito?

Mientras escribes, permítete expresar lo que te surja sin juzgarte ni autocensurarte. También puedes dirigirte directamente al arcángel Uriel como si mantuvieras una conversación con un amigo sabio y compasivo. Recuerda que Uriel está aquí para ayudarte, guiarte y amarte incondicionalmente.

Paso 4: Expresa tu gratitud

Una vez que hayas escrito lo que querías transmitir, es importante terminar con una simple expresión de gratitud hacia el arcángel Uriel. Este acto de gratitud abre la conexión entre el arcángel Uriel y la persona que escribe la carta.

Paso 5: Mantén tu escritura a salvo

No te olvides de guardar tu escrito en un lugar especial cuando lo hayas terminado. Es posible que después de un tiempo quieras leerlo para ver cómo has progresado en tu viaje y las lecciones aprendidas o para guiarte en futuros desafíos.

Siguiendo estos sencillos pasos, puedes crear un diálogo poderoso y transformador con el arcángel Uriel a través de la escritura. Tanto si necesitas consuelo, guía, sanación o inspiración, Uriel siempre está ahí para ti, dispuesto a apoyarte en tu camino. Recuerda que la escritura es una herramienta poderosa para el autodescubrimiento, el empoderamiento y la co-creación con el universo.

Los rituales y ejercicios diarios que se ofrecen en este capítulo pueden ayudarte a fomentar una conexión más profunda con Uriel y a recibir su guía y bendiciones. Como siempre, ¡asegúrate de agradecerle todo lo que ha hecho por ti! ¡Que el amor de Uriel llene tu vida de alegría, inspiración y propósito!

Extra: Hoja de correspondencias

El arcángel Uriel es conocido por su increíble capacidad para ayudarnos a encontrar el camino a través de los desafíos y aportar claridad a nuestras vidas. Existen ciertas correspondencias asociadas a Uriel que pueden ayudarnos a conectarnos y comprender mejor su energía. Esta hoja de bonificación incluye un gráfico que resume todas las correspondencias relacionadas con el arcángel Uriel. Te servirá de gran referencia si quieres saber más sobre este poderoso y compasivo arcángel. ¡Utiliza esta tabla como referencia rápida para conectarte con la energía del arcángel Uriel!

Día de la semana	Sábado
Hora del día	8 a. m.
Festivales/Festividades del año	1. Fiesta de San Miguel y Todos los Ángeles (29 de septiembre) 2. Fiesta de San Gabriel (24 de marzo) 3. Fiesta de la Natividad de San Juan Bautista (24 de junio)
Signo Zodiacal y Planeta	Leo, el Sol

Número Angelical	888
Dirección	Este
Elemento	Fuego
Colores	Oro, blanco y naranja
Símbolo/Sello/Sigilo	Estrella de seis puntas
Árboles, Plantas y Hierbas/aceites	Mirra, Caléndula y Clavel
Cristal(es) y Metal(es)	Citrino, Ámbar y Oro

 El arcángel Uriel es un arcángel increíblemente poderoso que puede proporcionarnos la guía, la claridad y la perspicacia que necesitamos para avanzar en nuestras vidas. Las correspondencias asociadas con este poderoso ángel incluyen los colores dorado, blanco y naranja, que a menudo se asocian con la iluminación y la positividad. Los cristales como el citrino y el ámbar también se relacionan normalmente con la energía de Uriel, ya que nos conectan con su guía y aportan más luz a nuestras vidas.

 El fuego es otro elemento estrechamente asociado con el arcángel Uriel y transporta la energía de la transformación, permitiéndonos ser más iluminados y estables emocionalmente. Del mismo modo, la mirra, las caléndulas y los claveles pueden utilizarse para ayudarnos a conectar con la energía de Uriel. Estas plantas se utilizan frecuentemente en hechizos y rituales de sanación, ayudando a aportar claridad y comprensión a nuestras vidas.

 La festividad de San Miguel y Todos los Ángeles (29 de septiembre) también está vinculada a la energía de Uriel, por lo que dedicar tiempo a honrar este día puede ser una forma poderosa de conectarte con él y agradecerle su guía. Meditar con el sigilo o sello del Arcángel Uriel puede ayudarnos a abrirnos a su energía y a crear una fuerte conexión con él. Invocar a Uriel en momentos de incertidumbre o confusión puede ser una poderosa forma de obtener la comprensión y el entendimiento que tanto necesitamos. A través de su guía, podemos encontrar el valor para seguir adelante y superar cualquier obstáculo en nuestro camino.

Al alinearnos con estas correspondencias espirituales asociadas con el arcángel Uriel, podemos crear una fuerte conexión con su energía y atraer más comprensión, claridad e iluminación a nuestras vidas.

Conclusión

Cuando se trata del reino divino, existen pocos seres tan poderosos e inspiradores como el arcángel Uriel. Este ser celestial es conocido por la increíble luz y amor que trae al mundo, difundiendo alegría y positividad allá donde va. Tanto si buscas guía, protección o simplemente una sensación de paz y tranquilidad, Uriel está ahí para ayudarte a aprovechar tu fuerza interior y descubrir tu verdadero potencial. Con su ilimitada energía y su inquebrantable compromiso con la bondad, Uriel es un faro de esperanza e inspiración para todos nosotros. Si alguna vez te sientes perdido o solo, debes saber que el Arcángel Uriel vela por ti, dispuesto a ofrecerte compasión y apoyo cuando más lo necesites.

En tiempos de incertidumbre y confusión, el arcángel Uriel ilumina el camino hacia nuestro yo más verdadero. Como ángel de la sabiduría, la claridad y la verdad, Uriel nos ayuda a ver a través de la niebla de la duda y la inseguridad para encontrar las respuestas que siempre hemos llevado dentro. Ya se trate de descubrir nuestra pasión por una nueva carrera o de darnos cuenta de la profundidad de nuestro amor por alguien especial, la guía de Uriel puede llevarnos a cumplir nuestros deseos y sueños más profundos.

Cuando tenemos al arcángel Uriel de nuestro lado, no hay límite para lo que podemos conseguir. Con su sabiduría divina guiándonos, podemos confiar en nuestra capacidad para tomar las decisiones correctas y avanzar con confianza. Uriel aporta una sensación de claridad tranquilizadora y fortalecedora, que nos permite ver las situaciones bajo una nueva luz y abordarlas con renovado vigor. Tanto si nos enfrentamos a desafíos como si perseguimos nuestros sueños, Uriel está ahí para prestarnos su fuerza y apoyo.

Esta guía ha explorado formas de conectarse con el arcángel Uriel. Desde la creación de un espacio sagrado angelical y la realización de meditaciones de los chakras solares hasta el uso de cristales y velas para la adivinación, estos rituales y ejercicios te ayudarán a abrir tu corazón, tu mente y tu espíritu a la presencia de este poderoso ángel. Si alguna vez te sientes abrumado o inseguro sobre qué dirección tomar en la vida, simplemente invoca a Uriel, y pronto te llenarás de la fuerza y el coraje necesarios para seguir adelante.

La Hoja de Correspondencias que acompaña a esta guía contiene símbolos y afirmaciones útiles asociados con el arcángel Uriel. Con estas herramientas, puedes profundizar tu conexión con el reino angelical e invocar su poderosa presencia en momentos de necesidad. Cuanto más practiques, más cerca estarás de Uriel y de su sabiduría divina, lo que te permitirá liberar tu potencial y llevar una vida de alegría y abundancia.

Por lo tanto, ¡emprendamos este viaje con el arcángel Uriel y seamos bendecidos con su energía, sabiduría y guía divinas!

Vea más libros escritos por Mari Silva

Su regalo gratuito

¡Gracias por descargar este libro! Si desea aprender más acerca de varios temas de espiritualidad, entonces únase a la comunidad de Mari Silva y obtenga el MP3 de meditación guiada para despertar su tercer ojo. Este MP3 de meditación guiada está diseñado para abrir y fortalecer el tercer ojo para que pueda experimentar un estado superior de conciencia.

https://livetolearn.lpages.co/mari-silva-third-eye-meditation-mp3-spanish/

¡O escanee el código QR!

Referencias

Brown, S. (2017, September 20). Who is Archangel Uriel? The Black Feather Intuitive. https://www.theblackfeatherintuitive.com/archangel-uriel/

Hopler, W. (2011, June 5). Meet Archangel Uriel, angel of wisdom. Learn Religions. https://www.learnreligions.com/meet-archangel-uriel-angel-of-wisdom-124717

Jensen, E. (2022, January 4). Archangel Uriel - angel of truth spiritual symbolism. IPublishing. https://www.ipublishing.co.in/archangel-uriel

Kalu, M. (2021, January 11). Who is the archangel, Uriel? Christianity.com. https://www.christianity.com/wiki/angels-and-demons/who-is-the-archangel-uriel.html

Varnell, J. R. (2016). Uriel. Createspace Independent Publishing Platform.

What is the role of the archangel Uriel in human life? (2020, April 20). Andija Store. https://andija.com/useful-articles/what-is-the-role-of-the-archangel-uriel-in-human-life/

Wille. (2021, January 15). Who is Archangel Uriel? The Angel of Truth. A Little Spark of Joy. https://www.alittlesparkofjoy.com/archangel-uriel

Fuentes de imágenes

[1] *Andrewrabbott, CC BY-SA 4.0 <https://creativecommons.org/licenses/by-sa/4.0>, via Wikimedia Commons:* https://commons.wikimedia.org/wiki/File:Angelic_Hierarchy_in_Christianity,_St_Michael_and_All_Angels%27,_Somerton.jpg

[2] https://commons.wikimedia.org/wiki/File:Image_of_Uriel_the_Archangel,_Cairo.jpg

[3] https://www.pexels.com/photo/orange-flame-635926/

[4] https://commons.wikimedia.org/wiki/File:Ottobeuren_basilika_ottobeuren_altar_of_the_guardian_angel_006.JPG

[5] https://pixabay.com/images/id-7182133/

[6] https://unsplash.com/photos/vs-PjCh5goo?utm_source=unsplash&utm_medium=referral&utm_content=creditShareLink

[7] https://unsplash.com/photos/rUc9hVE-L-E?utm_source=unsplash&utm_medium=referral&utm_content=creditShareLink

[8] https://unsplash.com/photos/bGyxfqeq34?utm_source=unsplash&utm_medium=referral&utm_content=creditShareLink

[9] https://unsplash.com/photos/WvDYdXDzkhs?utm_source=unsplash&utm_medium=referral&utm_content=creditShareLink

www.ingramcontent.com/pod-product-compliance
Lightning Source LLC
Chambersburg PA
CBHW072153200426
43209CB00052B/1173